经典晨诵

Morning Recitation of Classics

编　者／张　亮　李俊杰
编　委／李　晗　白灵龙　罗佳怡　黄　樾
顾　问／汤　洪　李　斌　张春兰　刘海燕

四川大学出版社

图书在版编目（CIP）数据

经典晨诵 / 张亮，李俊杰编. -- 成都：四川大学出版社，2024.7. -- （国际中文教育书系）. -- ISBN 978-7-5690-7047-7

Ⅰ．H195.4

中国国家版本馆CIP数据核字第20248L5N58号

书　　名：经典晨诵
　　　　　Jingdian Chensong
编　　者：张　亮　李俊杰
丛　书　名：国际中文教育书系

丛书策划：刘　畅　毛张琳
选题策划：梁　胜
责任编辑：王　静
责任校对：罗永平
装帧设计：墨创文化
责任印制：王　炜

出版发行：四川大学出版社有限责任公司
　　　　　地　址：成都市一环路南一段24号（610065）
　　　　　电　话：（028）85408311（发行部）、85400276（总编室）
　　　　　电子邮箱：scupress@vip.163.com
　　　　　网　址：https://press.scu.edu.cn
印前制作：四川胜翔数码印务设计有限公司
印刷装订：四川五洲彩印有限责任公司

成品尺寸：185mm×260mm
印　　张：11.75
字　　数：285千字

版　　次：2024年8月　第1版
印　　次：2024年8月　第1次印刷
定　　价：68.00元

本社图书如有印装质量问题，请联系发行部调换

版权所有 ◆ 侵权必究

扫码获取数字资源

四川大学出版社
微信公众号

前　　言

　　四川师范大学国际中文教育学院以习近平文化思想为指导，积极践行中华文化走出去的国家战略，肩负着培养具有国际视野和专业素养的汉语教师的重任。学院秉承"中西融通、知行合一"的校训，致力于传承和弘扬中华优秀传统文化，同时不断探索和实践汉语国际教育的新理念、新方法。

　　四川师范大学国际中文教育学院自成立以来，一直以培养具有国际视野、扎实专业基础和良好跨文化交际能力的汉语教师为目标。学院拥有一支教学经验丰富、学术造诣深厚的师资队伍，他们不仅在汉语教学领域有着深厚的造诣，而且在跨文化交际、国际教育合作等方面也有着丰富的实践经验。学院注重学生的全面发展，通过举办各类学术讲座、文化交流活动，为学生提供了广阔的学习和交流平台。

　　学院的教师队伍由资深学者以及具有海外教学背景的年轻教师组成，他们不仅在教学上有着丰富的经验，而且在学术研究上也取得了显著成就。学院注重师资队伍的建设，定期组织教师参加国内外的学术交流和培训，以提升教师的专业素养和教学能力。

　　学院的教学设施完备，拥有现代化的教室、语音实验室、多媒体教室等，为学生提供了良好的学习环境。学院还与国内外多所高校和教育机构建立了合作关系，为学生提供了丰富的海外学习和实习机会。

　　在全球化的背景下，汉语作为世界上使用人数最多的语言之一，其国际地位日益提升。随着"一带一路"倡议的推进，越来越多的国家和地区开始重视汉语教育，对汉语教师的需求也在不断增加。为了适应这一趋势，四川师范大学国际中文教育学院积极应对挑战，致力于培养具有国际竞争力的汉语教师。

　　然而，我们发现，现有的教材往往侧重于语言知识的传授，而在文学、文化素养以及跨文化交际能力的培养上则相对欠缺。为了弥补这一不足，我们编写了《经典晨诵》。本教材旨在通过晨诵这一形式，培养学生的文学素养、文化意识和跨文化交际能力，同时也为学生提供一个展示自我、锻炼能力的平台。

　　《经典晨诵》的编写，具有深远的意义。首先，它丰富了学生的早自习内容，使得早自习不再局限于语言知识的学习，而是扩展到了文学、文化及跨文化交流等多个方面。其次，通过诵读经典文学作品，学生能够更好地理解和欣赏中华文化的博大精深，增强文化自信。最后，本教材有助于学生了解不同文化背景下的交流方式和交际技巧，提升跨文化交流能力。

此外，教材的编写还体现了学院对教育创新的追求。在传统教学的基础上，学院不断探索新的教学方法和手段，以适应时代的发展和学生的需求。《经典晨诵》的编写，正是学院在教育创新方面的一次有益尝试。

学风建设是提高学院人才培养质量的重要抓手。《经典晨诵》的推广使用，对于推进学院学风建设具有重要作用。首先，它能够帮助学生养成良好的学习习惯，通过早自习的诵读，学生能够更加专注于学习，形成自主学习的良好习惯。其次，教材中的文学、文化内容，能够激发学生的学习兴趣，提高学生的学习积极性。最后，通过诵读和讨论，学生能够锻炼自己的语言表达能力和逻辑思维能力，这对于提升学生的综合素质具有重要作用。

学院通过举办各类学术讲座、文化交流活动，为学生提供了学习和交流的机会，进一步促进了学风建设。学院鼓励学生积极参与，通过这些活动，学生不仅能够拓宽知识视野，还能够锻炼自己的实践能力和团队协作能力。

《经典晨诵》的编写和推广是四川师范大学国际中文教育学院在汉语国际教育领域的一项重要创新。我们相信，通过本教材的使用，不仅能够提升学生的文学素养和跨文化交际能力，还能够为学院的学风建设注入新的活力。我们期待这本教材能够成为学生学习道路上的一盏明灯，照亮他们前行的道路，帮助他们成长为具有国际视野和专业素养的汉语教师。

学院还将继续探索和实践汉语国际教育的新理念、新方法以培养更多优秀的汉语教师。同时，为推动汉语国际教育事业的发展以及促进中外文化交流和友好合作做出更大的贡献。

张 亮
2024 年 6 月 1 日

目　　录

第一单元

1. 论语译注（节选） ……………………………………………………（ 3 ）
2. 左传（节选） …………………………………………………………（ 3 ）
3. 修学 ……………………………………………………………………（ 4 ）
4. 赞美 ……………………………………………………………………（ 6 ）
5. 第七个星期二——谈论对衰老的恐惧（节选） ……………………（ 8 ）

第二单元

1. 豳风·七月 ……………………………………………………………（ 13 ）
2. 神思 ……………………………………………………………………（ 13 ）
3. 少年中国说（节选） …………………………………………………（ 14 ）
4. 窗 ………………………………………………………………………（ 17 ）
5. 我为什么而活着 ………………………………………………………（ 19 ）

第三单元

1. 卜居 ……………………………………………………………………（ 23 ）
2. 世说新语（节选） ……………………………………………………（ 23 ）
3. 可爱的成都 ……………………………………………………………（ 24 ）
4. 死水微澜（节选） ……………………………………………………（ 25 ）
5. 禽兽为邻 ………………………………………………………………（ 27 ）

第四单元

1. 孟子（节选） …………………………………………………………（ 31 ）
2. 齐王使使者问赵威后 …………………………………………………（ 31 ）
3. 自知与终身之事业 ……………………………………………………（ 32 ）
4. 恭王府小记 ……………………………………………………………（ 33 ）
5. *An Optimist Looks At China* …………………………………………（ 34 ）

1

第五单元

1. 庄子·山木（节选） ……………………………………………………（39）
2. 报任安书（节选） ………………………………………………………（39）
3. 合欢树 ……………………………………………………………………（40）
4. 年意 ………………………………………………………………………（41）
5. 致青年 ……………………………………………………………………（42）

第六单元

1. 文赋 ………………………………………………………………………（47）
2. 拟行路难（节选） ………………………………………………………（49）
3. 五味（节选） ……………………………………………………………（49）
4. 很好 ………………………………………………………………………（51）
5. 我的世界观 ………………………………………………………………（53）

第七单元

1. 杜甫诗选 …………………………………………………………………（57）
2. 张中丞传后叙 ……………………………………………………………（57）
3. 送孩子去上学深造 ………………………………………………………（59）
4. 《歌德与中国》序 ………………………………………………………（60）
5. 河之歌 ……………………………………………………………………（61）

第八单元

1. 后赤壁赋 …………………………………………………………………（65）
2. 伶官传序 …………………………………………………………………（65）
3. 儒家的根本精神 …………………………………………………………（66）
4. 《人间词话》定稿（六十四则）（节选） ……………………………（67）
5. 蛋糕 ………………………………………………………………………（70）

第九单元

1. 登池上楼 …………………………………………………………………（75）
2. 洛神赋 ……………………………………………………………………（75）
3. 中国哲学的精神和问题（节选） ………………………………………（76）
4. 听听那冷雨 ………………………………………………………………（79）
5. *Youth* ……………………………………………………………………（82）

第十单元

1. 吊屈原赋（节选） …………………………………………… （85）
2. 白头吟（托卓文君作） ……………………………………… （85）
3. 古驿道上相聚 ………………………………………………… （85）
4. 我为什么住在乡下？（节选） ……………………………… （90）
5. *Of Studies* …………………………………………………… （92）

第十一单元

1. 将进酒 ………………………………………………………… （97）
2. 钟嵘诗品（节选） …………………………………………… （97）
3. 胡同文化——摄影艺术集《胡同之没》序 ………………… （99）
4. 论自立（节选） ……………………………………………… （101）
5. *Of Friendship*（excerpts） ………………………………… （103）

第十二单元

1. 春江花月夜 …………………………………………………… （109）
2. 论佛骨表 ……………………………………………………… （109）
3. 我和外国文学（节选） ……………………………………… （110）
4. 黑洞是如何形成的（节选） ………………………………… （112）
5. *The Little Prince*（excerpts） ……………………………… （115）

第十三单元

1. 山园小梅 ……………………………………………………… （119）
2. 金石录后序（校订本） ……………………………………… （119）
3. 论退隐（节选） ……………………………………………… （121）
4. 关雎 …………………………………………………………… （127）
5. 吉檀迦利（节选） …………………………………………… （128）

第十四单元

1. 墨池记 ………………………………………………………… （131）
2. 繁星 …………………………………………………………… （131）
3. 吃瓜子（节选） ……………………………………………… （132）
4. 卞之琳诗选（节选） ………………………………………… （135）
5. 温一壶月光下酒（节选） …………………………………… （137）

3

第十五单元

1. 南吕·一枝花 ……………………………………………………（141）
2. 朋友（节选） ……………………………………………………（141）
3. 北京的春风 ………………………………………………………（142）
4. 湖（节选） ………………………………………………………（144）
5. *We Choose to Go to the Moon*（excerpts） …………………（145）

第十六单元

1. 临江仙《廿一史弹词》第三段说秦汉开场词 …………………（149）
2. 项脊轩志（节选） ………………………………………………（149）
3. 铁马的歌 …………………………………………………………（150）
4. 九月 ………………………………………………………………（150）
5. 月光奏鸣曲 ………………………………………………………（151）

第十七单元

1. 梦粱录（节选） …………………………………………………（155）
2. 腊八粥 ……………………………………………………………（156）
3. 过年　家乡圆梦的炮声 …………………………………………（159）
4. 月是故乡明 ………………………………………………………（161）
5. *The End of It*（excerpts） ……………………………………（162）

第十八单元

1. 归去来兮辞并序 …………………………………………………（167）
2. 大明湖之春 ………………………………………………………（168）
3. 秦淮拾梦记 ………………………………………………………（169）
4. 风景谈 ……………………………………………………………（172）
5. 青春的烦恼（1817—1821） ……………………………………（175）

后　记 ………………………………………………………………（176）

第一单元

1. 论语译注（节选）[①]

子禽问于子贡曰："夫子至于是邦也，必闻其政，求之与？抑与之与？"子贡曰："夫子温、良、恭、俭、让以得之。夫子之求之也，其诸异乎人之求之与？"

宰予昼寝。子曰："朽木不可雕也，粪土之墙不可杇也；于予与何诛？"子曰："始吾于人也，听其言而信其行；今吾于人也，听其言而观其行。于予与改是。"

曾子曰："士不可以不弘毅，任重而道远。仁以为己任，不亦重乎？死而后已，不亦远乎？"

子路问："闻斯行诸？"子曰："有父兄在，如之何其闻斯行之？"
冉有问："闻斯行诸？"子曰："闻斯行之。"
公西华曰："由也问闻斯行诸，子曰，'有父兄在'；求也问闻斯行诸，子曰，'闻斯行之'。赤也惑，敢问。"子曰："求也退，故进之；由也兼人，故退之。"

子曰："士而怀居，不足以为士矣。"

2. 左传（节选）[②]

四年春，齐侯以诸侯之师侵蔡。蔡溃，遂伐楚。
楚子使与师言曰："君处北海，寡人处南海，唯是风马牛不相及也，不虞君之涉吾地也，何故？"
管仲对曰："昔召康公命我先君大公曰：'五侯九伯，女实征之，以夹辅周室。'赐我先君履：东至于海，西至于河，南至于穆陵，北至于无棣。尔贡包茅不入，王祭不

[①] 杨伯峻译注：《论语译注》，中华书局，2017年，第8页，第64页，第115页，第167页，第206页。
[②] 郭丹、程小青、李彬源译注：《左传》，中华书局，2012年，第330~333页，第346~347页。

共，无以缩酒，寡人是征；昭王南征而不复，寡人是问。"

对曰："贡之不入，寡君之罪也，敢不共给？昭王之不复，君其问诸水滨。"师进，次于陉。

夏，楚子使屈完如师，师退，次于召陵。

齐侯陈诸侯之师，与屈完乘而观之。齐侯曰："岂不穀是为，先君之好是继。与不穀同好，如何？"对曰：君惠徼福于敝邑之社稷，辱收寡君，寡君之愿也。"齐侯曰："以此众战，谁能御之？以此攻城，何城不克？"对曰："君若以德绥诸侯，谁敢不服？君若以力，楚国方城以为城，汉水以为池，虽众，无所用之！"屈完及诸侯盟。

晋侯复假道于虞以伐虢。宫之奇谏曰："虢，虞之表也。虢亡，虞必从之。晋不可启，寇不可玩，一之谓甚，其可再乎？谚所谓'辅车相依，唇亡齿寒'者，其虞、虢之谓也。"公曰："晋，吾宗也，岂害我哉？"对曰："大伯、虞仲，大王之昭也。大伯不从，是以不嗣。虢仲、虢叔，王季之穆也，为文王卿士，勋在王室，藏于盟府。将虢是灭，何爱于虞？且虞能亲于桓、庄乎？其爱之也，桓、庄之族何罪？而以为戮，不唯逼乎？亲以宠逼，犹尚害之，况以国乎？"公曰："吾享祀丰洁，神必据我。"对曰："臣闻之，鬼神非人实亲，惟德是依。故《周书》曰：'皇天无亲，惟德是辅。'又曰：'黍稷非馨，明德惟馨。'又曰：'民不易物，惟德繄物。'如是，则非德，民不和，神不享矣。神所冯依，将在德矣。若晋取虞，而明德以荐馨香，神其吐之乎？"弗听，许晋使。宫之奇以其族行，曰："虞不腊矣，在此行也，晋不更举矣。"

3. 修学[①]

身体壮佼，仪容伟岸，可能为贤乎？未也。居室崇闳，被服锦绣，可以为美乎？未也。人而无知识，则不能有为，虽矜饰其表，而鄙陋龌龊之状，宁可掩乎？

知识与道德，有至密之关系。道德之名尚矣，要其归，则不外避恶而行善。苟无知识以辨善恶，则何以知恶之不当为，而善之当行乎？知善之当行而行之，知恶之不当为而不为，是之谓真道德。世之不忠不孝、无礼无义、纵情而亡身者，其人非必皆恶逆悖戾也，多由于知识不足，而不能辨别善恶故耳。

寻常道德，有寻常知识之人，即能行之。其高尚者，非知识高尚之人，不能行也。是以自昔立身行道，为百世师者，必在旷世超俗之人，如孔子是已。

知识者，人事之基本也。人事之种类至繁，而无一不有赖于知识。近世人文大开，风气日新，无论何等事业，其有待于知识也益殷。是以人无贵贱，未有可以不就学者。且知识所以高尚吾人之品格也，知识深远，则言行自然温雅而动人欢慕。盖是非之理，既已了然，则其发于言行者，自无所凝滞，所谓诚于中形于外也。彼知识不足者，目能睹日月，而不能见理义之光；有物质界之感触，而无精神界之欣合，有近忧而无远虑。

[①] 蔡元培：《中国人的修养》，逸闻、雨潇编，四川文艺出版社，2017年，第118~121页。

胸襟之隘如是，其言行又乌能免于卑陋欤？

知识之启发也，必由修学。修学者，务博而精者也。自人文进化，而国家之贫富强弱，与其国民学问之深浅为比例。彼欧美诸国，所以日辟百里、虎视一世者，实由其国中硕学专家，以理学工学之知识，开殖产兴业之端，锲而不已，成此实效。是故文明国所恃以竞争者，非武力而智力也。方今海外各国，交际频繁，智力之竞争，日益激烈。为国民者，乌可不勇猛精进，旁求知识，以造就为国家有用之材乎？

修学之道有二：曰耐久；曰爱时。

锦绣所以饰身也，学术所以饰心也。锦绣之美，有时而敝；学术之益，终身享之，后世诵之，其可贵也如此。凡物愈贵，则得之愈难，曾学术之贵，而可以浅涉得之乎？是故修学者，不可以不耐久。

凡少年修学者，其始鲜或不勤，未几而惰气乘之，有不暇自省其功候之如何，而咨嗟于学业之难成者。岂知古今硕学，大抵抱非常之才，而又能精进不已，始克抵于大成，况在寻常之人，能不劳而获乎？而不能耐久者，乃欲以穷年莫殚之功，责效于旬日，见其未效，则中道而废，如弃敝屣然。如是，则虽薄技微能，为庸众所可跂者，亦且百涉而无一就，况于专门学艺，其理义之精深，范围之博大，非专心致志，不厌不倦，必不能窥其涯矣，而乃卤莽灭裂，欲一蹴而几之，不亦妄乎？

庄生有言：吾生也有涯，而知也无涯，夫以有涯之生，修无涯之学，固常苦不及矣。自非惜分寸光阴，不使稍縻于无益，鲜有能达其志者。故学者尤不可以不爱时。

少壮之时，于修学为宜，以其心气尚虚，成见不存也。及是时而勉之，所积之智，或其终身应用而有余。否则以有用之时间，养成放僻之习惯，虽中年悔悟，痛自策励，其所得盖亦仅矣。朱子有言曰：勿谓今日不学而有来日；勿谓今年不学而有来年，日月逝矣，岁不延误，呜呼老矣，是谁之愆？其言深切著明，凡少年不可不三复也。

时之不可不爱如此，是故人不特自爱其时，尤当为人爱时。尝有诣友终日，游谈不经，荒其职业，是谓盗时之贼，学者所宜戒也。

修学者，固在入塾就师，而尤以读书为有效。盖良师不易得，借令得之，而亲炙之时，自有际限，要不如书籍之惠我无穷也。

人文渐开，则书籍渐富，历代学者之著述，汗牛充栋，固非一人之财力所能尽致，而亦非一人之日力所能遍读，故不可不择其有益于我者而读之。读无益之书，与不读等，修学者宜致意焉。

凡修普通学者，宜以平日课程为本，而读书以助之。苟课程所受，研究未完，而漫焉多读杂书，虽则有所得，亦泛滥而无归宿。且课程以外之事，亦有先后之序，此则修专门学者，尤当注意。苟不自量其知识之程度，取高远之书而读之，以不知为知，沿讹袭谬，有损而无益，即有一知半解，沾沾自喜，而亦终身无会通之望矣。夫书无高卑，苟了彻其义，则虽至卑近者，亦自有无穷之兴味。否则徒震于高尚之名，而以不求甚解者读之，何益？行远自迩，登高自卑，读书之道，亦犹是也。未见之书，询于师友而抉择之，则自无不合程度之虑矣。

修学者得良师，得佳书，不患无进步矣。而又有资于朋友，休沐之日，同志相会，凡师训所未及者，书义之可疑者，各以所见，讨论而阐发之，其互相为益者甚大。有志于学者，其务择友哉。

　　学问之成立在信，而学问之进步则在疑。非善疑者，不能得真信也。读古人之书，闻师友之言，必内按诸心，求其所以然之故。或不所得，则辗转推求，必逮心知其意，毫无疑义而后已，是之谓真知识。若乃人云亦云，而无独得之见解，则虽博闻多识，犹书簏耳，无所谓知识也。至若预存成见，凡他人之说，不求其所以然，而一切与之反对，则又怀疑之过，殆不知学问为何物者。盖疑义者，学问之作用，非学问之目的也。

4. 赞美[①]

　　走不尽的山峦的起伏，河流和草原，
　　数不尽的密密的村庄，鸡鸣和狗吠，
　　接连在原是荒凉的亚洲的土地上，
　　在野草的茫茫中呼啸着干燥的风，
　　在低压的暗云下唱着单调的东流的水，
　　在忧郁的森林里有无数埋藏的年代。
　　它们静静地和我拥抱：
　　说不尽的故事是说不尽的灾难，沉默的
　　是爱情，是在天空飞翔的鹰群，
　　是干枯的眼睛期待着泉涌的热泪，
　　当不移的灰色的行列在遥远的天际爬行；
　　我有太多的话语，太悠久的感情，
　　我要以荒凉的沙漠，坎坷的小路，骡子车，
　　我要以槽子船，漫山的野花，阴雨的天气，
　　我要以一切拥抱你，你，
　　我到处看见的人民呵，
　　在耻辱里生活的人民，佝偻的人民，
　　我要以带血的手和你们一一拥抱。
　　因为一个民族已经起来。

　　一个农夫，他粗糙的身躯移动在田野中，
　　他是一个女人的孩子，许多孩子的父亲，
　　多少朝代在他的身边升起又降落了
　　而把希望和失望压在他身上，
　　而他永远无言地跟在犁后旋转，
　　翻起同样的泥土溶解过他祖先的，

[①] 《穆旦诗选》，人民文学出版社，1986年，第51~53页。

是同样的受难的形象凝固在路旁。
在大路上多少次愉快的歌声流过去了,
多少次跟来的是临到他的忧患;
在大路上人们演说,叫嚣,欢快,
然而他没有,他只放下了古代的锄头,
再一次相信名词,溶进了大众的爱,
坚定地,他看着自己溶进死亡里,
而这样的路是无限的悠长的
而他是不能够流泪的,
他没有流泪,因为一个民族已经起来。

在群山的包围里,在蔚蓝的天空下,
在春天和秋天经过他家园的时候,
在幽深的谷里隐着最含蓄的悲哀:
一个老妇期待着孩子,许多孩子期待着,
饥饿,而又在饥饿里忍耐,
在路旁仍是那聚集着黑暗的茅屋,
一样的是不可知的恐惧,一样的是
大自然中那侵蚀着生活的泥土,
而他走去了从不回头诅咒。
为了他我要拥抱每一个人,
为了他我失去了拥抱的安慰,
因为他,我们是不能给以幸福的,
痛哭吧,让我们在他的身上痛哭吧,
因为一个民族已经起来。

一样的是这悠久的年代的风,
一样的是从这倾圮的屋檐下散开的
无尽的呻吟和寒冷,
它歌唱在一片枯槁的树顶上,
它吹过了荒芜的沼泽,芦苇和虫鸣,
一样的是这飞过的乌鸦的声音。
当我走过,站在路上踟蹰,
我踟蹰着为了多年耻辱的历史
仍在这广大的山河中等待,
等待着,我们无言的痛苦是太多了,
然而一个民族已经起来,
然而一个民族已经起来。

5. 第七个星期二——谈论对衰老的恐惧（节选）[①]

莫里输掉了这场较量。现在得有人替他擦洗屁股了。

他以一种特有的勇气去面对这个现实。当他上完厕所后无法自己擦洗时，他把这一最新的情况告诉了康尼。

"让你帮我擦洗你会觉得难堪吗？"

她说不会。

我觉得他不同寻常，因为他最先求助的是康尼。

这不是一下子就能适应的，莫里承认道，因为从某种意义上说，这是完全向疾病屈服的表现。现在连做最隐私、最基本的事情的权力也被剥夺了——上厕所，擦鼻涕，擦洗自己的身体，除了呼吸和咽食外，他几乎一切都得依赖于别人。

我问莫里他是如何保持乐观态度的。

"米奇，这很滑稽，"他说。"我是个独立的人，因此我内心总在同这一切抗争——依赖车子，让人替我穿衣服等等。我有一种羞耻感，因为我们的文化告诉我们说，如果你不能自己擦洗屁股，你就应该感到羞耻。但我又想，忘掉文化对我们的灌输。我的大半生都没有去理睬这种文化。我没有必要感到羞耻。这有什么关系呢？

"你知道吗？真是太奇怪了。"

是什么？

"我感觉到了依赖别人的乐趣。现在当他们替我翻身、在我背上涂擦防止长疮的乳霜时，我感到是一种享受。当他们替我擦脸或按摩腿部时，我同样觉得很受用。我会闭上眼睛陶醉在其中。一切都显得习以为常了。

"这就像重新回到了婴儿期。有人给你洗澡，有人抱你，有人替你擦洗。我们都有过当孩子的经历，它留在了你的大脑深处。对我而言，这只是在重新回忆起儿时的那份乐趣罢了。

"事实上，当母亲搂抱我们，轻摇我们，抚摸我们时——我们没人嫌这份呵护太多，在某种程度上，我们甚至渴望回到完全由人照顾的年代去——这是一种无保留的爱，无保留的呵护。许多人都缺少这份爱。

"我就是。"

我望着莫里，顿时明白了他为什么喜欢我探过身去帮他扶正话筒、抬抬枕头或擦拭眼睛。人类的接触。七十八岁的他像成人那样给予，又像孩子那样接受。

那天晚些时候，我们谈到了年龄和衰老。或者说谈到了对衰老的恐惧——另一个列在我的目录上、困惑着我们这一代人的问题。我从波士顿机场开车来这儿的路上，注意到了许多印着俊男靓女的广告牌。一个英俊的牛仔在抽香烟，两个漂亮的姑娘对着洗发水嫣然而笑，一个举止撩人的女郎穿着敞开扣子的牛仔裤，一个身穿黑丝绒礼服的性感

[①] 阿尔博姆：《相约星期二》，吴洪译，上海译文出版社，2007年，第118～124页。

女子和一个身穿无尾礼服的男子依偎在苏格兰威士忌的酒杯旁。

我从未在广告牌上见过年龄超过三十五岁的模特。我对莫里说，虽然我竭力想停留在华年的巅峰，但我已有了桑榆暮景的感觉。我经常锻炼，注意饮食结构，在镜子里查看有没有白发。我从原来颇为自己的年龄自豪——因为我觉得自己是少年有成——到不愿提起年龄，害怕自己步入不惑之年后就再也没有事业上的成就感了。

莫里以一种更独特的视角来看待年龄问题。

"那是因为人们过于强调了年轻的价值——我不接受这种价值观，"他说。"我知道年轻也会是一种苦恼，所以别向我炫耀年轻的魅力。那些来找我的孩子都有他们的烦恼：矛盾、迷惘、不成熟、活着感到累，有的甚至想自杀……

"而且，年轻人还不够明智。他们对生活的理解很有限。如果你对生活一无所知的话，你还愿意一天天过下去吗？当人们在影响你，对你说使用这种香水可以变得漂亮，或穿这条牛仔裤可以变得性感时，你往往就相信了。其实那都是胡扯。"

"你从来没有害怕过变老？"我问。

"米奇，我乐于接受老。"

乐于接受？

"这很简单。随着年龄的增加，你的阅历也更加丰富。如果你停留在二十二岁的年龄阶段，你就永远是二十二岁的那般浅薄。要知道，衰老并不就是衰败。它是成熟。接近死亡并不一定是坏事，当你意识到这个事实后，它也有十分积极的一面，你会因此而活得更好。"

是啊，我说，可如果变老是那么有价值的话，为什么人们总说，"啊，但愿我变得年轻。"你从来没有听人这么说过，"但愿我已经六十五岁了。"

他笑了。"你知道这反映了什么？生活的不满足，生活的不充实，生活的无意义。因为你一旦找到了生活的意义，你就不会想回到从前去。你想往前走。你想看得更多，做得更多。你想体验六十五岁的那份经历。

"听着，你应该懂得一个哲理。所有年轻人都应该懂得这个哲理。如果你一直不愿意变老，那你就永远不会幸福，因为你终究是要变老的。

"米奇？"

他放低了声音。

"事实是，你总是要死的。"

我点点头。

"这不取决于你对自己怎么说。"

我知道。

他神态平静地闭上了眼睛，接着叫我帮他调节一下枕头的位置。他的身体需要不停地挪动，不然会难受。他整个人凹陷在那只堆满了白枕头、黄海绵和蓝毛巾的躺椅里。一瞥之下，你会以为莫里是在被装箱送去海运呢。

"谢谢，"我移动枕头时他对我低声说。

没关系，我说。

"米奇，你在想什么？"

我迟疑了一下。好吧，我说。我在想你怎么一点也不羡慕年轻、健康的人。

"哦，我想我是羡慕他们的。"他闭上了眼睛。"我羡慕他们可以去健身俱乐部，可以去游泳，可以跳舞。尤其是跳舞。但当这种感情到来时，我先感受它，然后便离开它。还记得我说过的超脱吗？离它而去。对自己说，'这是忌妒，我要离开它。'然后我就离开了。"

他又咳嗽起来——一阵声音刺耳的长咳——他把一张手巾纸递到嘴边，无力地吐着痰。坐在那里，我觉得自己比他要强壮得多——多么荒唐可笑的念头——我觉得能把他提起来像一袋面粉一样扛在肩上。我为这一优越感而感到害臊，因为在其他任何方面我一点也不比他优越。

你怎么一点也不羡慕……

"什么？"

我？

他笑了。

"米奇，老年人不可能不羡慕年轻人。但问题是你得接受现状并能自得其乐。这是你三十几岁的好时光。我也有过三十几岁的岁月，而我现在是七十八岁。

"你应该发现你现在生活中的一切美好、真实的东西。回首过去会使你产生竞争的意识，而年龄是无法竞争的。"

他长吁了口气，垂下眼睛，好像注视着他的呼吸消散在空气里。

"实际上，我分属于不同的年龄阶段。我是个三岁的孩子，也是个五岁的孩子；我是个三十七岁的中年人，也是个五十岁的中年人。这些年龄阶段我都经历过，我知道它们是什么样的。当我应该是个孩子时，我乐于做个孩子；当我应该是个聪明的老头时，我也乐于做个聪明的老头。我乐于接受自然赋予我的一切权力。我属于任何一个年龄，直到现在的我。你能理解吗？"

我点点头。

"我不会羡慕你的人生阶段——因为我也有过这个人生阶段。"

第二单元

1. 豳风·七月[①]

七月流火，九月授衣。一之日觱发，二之日栗烈。无衣无褐，何以卒岁？三之日于耜，四之日举趾。同我妇子，馌彼南亩，田畯至喜。

七月流火，九月授衣。春日载阳，有鸣仓庚。女执懿筐，遵彼微行，爰求柔桑。春日迟迟，采蘩祁祁。女心伤悲，殆及公子同归。

七月流火，八月萑苇。蚕月条桑，取彼斧斨，以伐远扬，猗彼女桑。七月鸣鵙，八月载绩。载玄载黄，我朱孔阳，为公子裳。

四月秀葽，五月鸣蜩。八月其获，十月陨萚。一之日于貉，取彼狐狸，为公子裘。二之日其同，载缵武功，言私其豵，献豜于公。

五月斯螽动股，六月莎鸡振羽，七月在野，八月在宇，九月在户，十月蟋蟀入我床下。穹窒熏鼠，塞向墐户。嗟我妇子，曰为改岁，入此室处。

六月食郁及薁，七月亨葵及菽，八月剥枣，十月获稻，为此春酒，以介眉寿。七月食瓜，八月断壶，九月叔苴，采荼薪樗，食我农夫。

九月筑场圃，十月纳禾稼。黍稷重穋，禾麻菽麦。嗟我农夫，我稼既同，上入执宫功。昼尔于茅，宵尔索绹。亟其乘屋，其始播百谷。

二之日凿冰冲冲，三之日纳于凌阴。四之日其蚤，献羔祭韭。九月肃霜，十月涤场。朋酒斯飨，曰杀羔羊。跻彼公堂，称彼兕觥，万寿无疆。

2. 神思[②]

古人云："形在江海之上，心存魏阙之下。"神思之谓也。文之思也，其神远矣。故寂然凝虑，思接千载；悄焉动容，视通万里；吟咏之间，吐纳珠玉之声；眉睫之前，卷舒风云之色：其思理之致乎？故思理为妙，神与物游。神居胸臆，而志气统其关键；物沿耳目，而辞令管其枢机。枢机方通，则物无隐貌；关键将塞，则神有遁心。是以陶钧

[①] 《诗经》，刘毓庆、李蹊译注，中华书局，2011年，第362～366页。
[②] 《文心雕龙》，王志彬译注，中华书局，2012年，第320～326页。

文思，贵在虚静，疏瀹五藏，澡雪精神。积学以储宝，酌理以富才，研阅以穷照，驯致以绎辞。然后使玄解之宰，寻声律而定墨；独照之匠，窥意象而运斤：此盖驭文之首术，谋篇之大端。

夫神思方运，万涂竞萌，规矩虚位，刻镂无形。登山则情满于山，观海则意溢于海，我才之多少，将与风云而并驱矣。方其搦翰，气倍辞前；暨乎篇成，半折心始。何则？意翻空而易奇，言征实而难巧也。是以意授于思，言授于意，密则无际，疏则千里。或理在方寸，而求之域表；或义在咫尺，而思隔山河。是以养心秉术，无务苦虑；含章司契，不必劳情也。

人之禀才，迟速异分，文之制体，大小殊功。相如含笔而腐毫，扬雄辍翰而惊梦，桓谭疾感于苦思，王充气竭于思虑。张衡研《京》以十年，左思练《都》以一纪，虽有巨文，亦思之缓也。淮南崇朝而赋《骚》，枚皋应诏而成赋，子建援牍如口诵，仲宣举笔似宿构，阮瑀据鞍而制书，祢衡当食而草奏，虽有短篇，亦思之速也。

若夫骏发之士，心总要术，敏在虑前，应机立断；覃思之人，情饶歧路，鉴在疑后，研虑方定。机敏故造次而成功，虑疑故愈久而致绩。难易虽殊，并资博练。若学浅而空迟，才疏而徒速，以斯成器，未之前闻。是以临篇缀虑，必有二患：理郁者苦贫，辞溺者伤乱。然则博见为馈贫之粮，贯一为拯乱之药，博而能一，亦有助乎心力矣。

若情数诡杂，体变迁贸，拙辞或孕于巧义，庸事或萌于新意，视布于麻，虽云未贵，杼轴献功，焕然乃珍。至于思表纤旨，文外曲致，言所不追，笔固知止。至精而后阐其妙，至变而后通其数，伊挚不能言鼎，轮扁不能语斤，其微矣乎！

赞曰：神用象通，情变所孕。物以貌求，心以理应。刻镂声律，萌芽比兴。结虑司契，垂帷制胜。

3. 少年中国说（节选）[①]

日本人之称我中国也，一则曰老大帝国，再则曰老大帝国。是语也，盖袭译欧西人之言也。呜呼！我中国其果老大矣乎？梁启超曰：恶是何言，是何言，吾心目中有一少年中国在！

欲言国之老少，请先言人之老少。老年人常思既往，少年人常思将来。惟思既往也，故生留恋心；惟思将来也，故生希望心。惟留恋也，故保守；惟希望也，故进取。惟保守也，故永旧；惟进取也，故日新。惟思既往也，事事皆其所已经者，故惟知照例；惟思将来也，事事皆其所未经者，故常敢破格。老年人常多忧虑；少年人常好行乐。惟多忧也，故灰心；惟行乐也，故盛气。惟灰心也，故怯懦；惟盛气也，故豪壮。惟怯懦也，故苟且；惟豪壮也，故冒险。惟苟且也，故能灭世界；惟冒险也，故能造世界。老年人常厌事；少年人常喜事。惟厌事也，故常觉一切事无可为者；惟好事也，故常觉一切事无不可为者。老年人如夕照，少年人如朝阳；老年人如瘠牛，少年人如乳

[①] 丘桑主编：《少年中国说》，东方出版社，1998年，第66~71页。

虎；老年人如僧，少年人如侠；老年人如字典，少年人如戏文；老年人如鸦片烟，少年人如泼兰地酒；老年人如别行星之陨石，少年人如大洋海之珊瑚岛；老年人如埃及沙漠之金字塔，少年人如西伯利亚之铁路；老年人如秋后之柳，少年人如春前之草；老年人如死海之潴为泽，少年人如长江之初发源。此老年与少年性格不同之大略也。梁启超曰：人固有之，国亦宜然。

梁启超曰：伤哉老大也。浔阳江头琵琶妇，当明月绕船，枫叶瑟瑟，衾寒于铁，似梦非梦之时，追想洛阳尘中春花秋月之佳趣。西宫南内，白发宫娥，一灯如穗，三五对坐，谈开元、天宝间遗事，谱霓裳羽衣曲。青门种瓜人，左对孺人，顾弄孺子，忆侯门似海珠履杂遝之盛事。拿破仑之流于厄蔑，阿剌飞之幽于锡兰，与三两监守吏或过访之好事者，道当年短刀匹马，驰骋中原，席卷欧洲，血战海楼，一声叱咤，万国震恐之丰功伟烈，初而拍案，继而抚髀，终而揽镜。呜呼！面皴齿尽，白发盈把，颓然老矣！若是者，舍幽郁之外无心事，舍悲惨之外无天地，舍颓唐之外无日月，舍叹息之外无音声，舍待死之外无事业。美人豪杰且然，而况于寻常碌碌者耶！生平亲友，皆在墟墓，起居饮食，待命于人，今日且过，遑知他日，今年且过，遑恤明年。普天下灰心短气之事，未有甚于老大者。于此人也，而欲望以拿云之手段，回天之事功，挟山超海之意气，能乎不能？

呜呼，我中国其果老大矣乎？立乎今日，以指畴昔，唐虞三代，若何之郅治；秦皇汉武，若何之雄杰；汉唐来之文学，若何之隆盛；康乾间之武功，若何之烜赫！历史家所铺叙，词章家所讴歌，何一非我国民少年时代良辰美景、赏心乐事之陈迹哉！而今颓然老矣，昨日割五城，明日割十城；处处雀鼠尽，夜夜鸡犬惊；十八省之土地财产，已为人怀中之肉；四百兆之父兄子弟，已为人注籍之奴。岂所谓老大嫁作商人妇者耶？呜呼！凭君莫话当年事，憔悴韶光不忍看。楚囚相对，岌岌顾影；人命危浅，朝不虑夕。国为待死之国。一国之民为待死之民，万事付之奈何，一切凭人作弄，亦何足怪！

梁启超曰：我中国其果老大矣乎？是今日全地球之一大问题也。如其老大也，则是中国为过去之国，即地球上昔本有此国，而今渐渐灭，他日之命运殆将尽也。如其非老大也，则是中国为未来之国，即地球上昔未现此国，而今渐发达，他日之前程且方长也。欲断今日之中国为老大耶，为少年耶？则不可不先明"国"字之意义。夫国也者，何物也？有土地，有人民，以居于其土地之人民，而治其所居之土地之事，自制法律而自守之；有主权，有服从，人人皆主权者，人人皆服从者。夫如是，斯谓之完全成立之国。地球上之有完全成立之国也，自百年以来也，完全成立者，壮年之事；未能完全成立而渐进于完全成立者，少年之事也。故吾得一言以断之曰：欧洲列邦在今日为壮年国，而我中国在今日为少年国。

夫古昔之中国者，虽有国之名，而未成国之形也，或为家族之国，或为酋长之国，或为诸侯封建之国，或为一王专制之国。虽种类不一，要之，其于国家之体质也，有其一部而缺其一部，正如婴儿自胚胎以迄成童，其身体之一二官支，先行长成，此外则全体虽粗具，然未能得其用也。故唐虞以前为胚胎时代，殷周之际为乳哺时代，由孔子而来至于今为童子时代，逐渐发达，而今乃始将入成童以上少年之界焉。其长成所以若是之迟者，则历代之民贼有窒其生机者也。譬犹童年多病，转类老态，或且疑其死期之将看法，有时也适用于屋外的来人。一个外来者，打门请进，有所要求，有所询问，他至多是个客人，一切要等主人来决定。反过来说，一个钻窗子进来的人，不管是偷东西还是偷情，早已决心来替你做个暂时的主人，顾不到你的欢迎和拒绝了。缪塞（Musset）在《少女做的是什么梦》（*A Quoi revent les jeunes filles*）那首诗剧里，有句妙语，略谓父亲开了门，请进了物质上的丈夫（matériel époux），但是理想的爱人（idéal），总是从窗子出进的。换句话说，从前门进来的，只是形式上的女婿，虽然经丈人看中，还待博取小姐自己的欢心；要是从后窗进来的，才是女郎们把灵魂肉体完全交托的真正情人。你进前门，先要经门房通知，再要等主人出现，还得寒暄几句，方能说明来意，既费心思，又费时间，哪像从后窗进来的直捷痛快？好像学问的捷径，在乎书背后的引得，若从前面正文看起，反见得迂远了。这当然只是在社会常态下的分别，到了战争等变态时期，屋子本身就保不住，还讲什么门和窗！

世界上的屋子全有门，而不开窗的屋子我们还看得到。这指示出窗比门代表更高的人类进化阶段。门是住屋子者的需要，窗多少是一种奢侈。屋子的本意，只像鸟巢兽窟，准备人回来过夜的，把门关上，算是保护。但是墙上开了窗子，收入光明和空气，使我们白天不必到户外去，关了门也可生活。屋子在人生里因此增添了意义，不只是避风雨、过夜的地方，并且有了陈设，挂着书画，是我们从早到晚思想、工作、娱乐、演出人生悲喜剧的场子。门是人的进出口，窗可以说是天的进出口。屋子本是人造了为躲避自然的胁害，而向四垛墙、一个屋顶里，窗引诱了一角天进来，训服了它，给人利用，好比我们笼络野马，变为家畜一样。从此我们在屋子里就能和自然接触，不必去找光明，换空气，光明和空气会来找我们。所以，人对于自然的胜利，窗也是一个。不过，这种胜利，有如女人对于男子的胜利，表面上看来好像是让步——人开了窗让风和日光进来占领，谁知道来占领这个地方的就给这个地方占领去了！我们刚说门是需要，需要是不由人做得主的。譬如我饿了就要吃，渴了就得喝。所以，有人敲门，你总得去开，也许是易卜生所说比你下一代的青年想冲进来，也许像德昆希《论谋杀后闻打门声》（*On the knocking at the Gate in the Macbeth*）所说，光天化日的世界想攻进黑暗罪恶的世界，也许是浪子回家，也许是有人借债（更许是讨债），你愈不知道，怕去开，你愈想知道究竟，愈要去开。甚至每天邮差打门的声音，也使你起了带疑惧的希冀，因为你不知道而又愿知道他带来的是什么消息。门的开关是由不得你的。但是窗呢？你清早起来，只要把窗幕拉过一边，你就知道窗外有什么东西在招呼着你，是雪，是雾，是雨，还是好太阳，决定要不要开窗子。上面说过窗子算得奢侈品，奢侈品原是在人看情形斟酌增减的。

我常想，窗可以算房屋的眼睛。刘熙《释名》说："窗，聪也；于内窥外，为聪明也。"正如凯罗（Gottfriend Keller）《晚歌》（*Abendlied*）起句所谓："双瞳如小窗（Fensterlein），佳景收历历。"同样地只说着一半。眼睛是灵魂的窗户，我们看见外界，同时也让人看到了我们的内心；眼睛往往跟着心在转，所以孟子认为相人莫良于眸子，梅特林克戏剧里的情人接吻时不闭眼，可以看见对方有多少吻要从心里上升到嘴边。我们跟戴黑眼镜的人谈话，总觉得捉摸不住他的用意，仿佛他以假面具相对，就是为此。据爱克曼（Eckermann）记一八三○年四月五日歌德的谈话，歌德恨一切戴眼镜的人，说他们看得清楚他脸上的皱纹，但是他给他们的玻璃片耀得眼花缭乱，看不出他们的心境。窗子许里面人看出去，同时也许外面人看进来，所以在热闹地方住的人要用窗帘子，替他们私生活做个保障。晚上访人，只要看窗里有无灯光，就约略可以猜到主人在不在家，不必打开了门再问，好比不等人开口，从眼睛里看出他的心思。关窗的作用等于闭眼。天地间有许多景象是要闭了眼才看得见的，譬如梦。假使窗外的人声物态太嘈杂了，关了窗好让灵魂自由地去探胜，安静地默想。有时，关窗和闭眼也有连带关系，你觉得窗外的世界不过尔尔，并不能给与你什么满足，你想回到故乡，你要看见跟你分离的亲友，你只有睡觉，闭了眼向梦里寻去，于是你起来先关了窗。因为只是春天，还留着残冷，窗子也不能镇天镇夜不关的。

5. 我为什么而活着[①]

对爱情的渴望，对知识的追求，对人类苦难不可遏制的同情心，这三种纯洁但无比强烈的激情支配着我的一生。这三种激情，就像飓风一样，在深深的苦海上，肆意地把我吹来吹去，吹到濒临绝望的边缘。

我寻求爱情，首先因为爱情给我带来狂喜，它如此强烈以致我经常愿意为了几小时的欢愉而牺牲生命中的其它一切。我寻求爱情，其次是因为爱情解除孤寂——那是一颗震颤的心，在世界的边缘，俯瞰那冰冷死寂、深不可测的深渊。我寻求爱情，最后是因为在爱情的结合中，我看到圣徒和诗人们所想象的天堂景象的神秘缩影。这就是我所寻求的，虽然它对人生似乎过于美好，然而最终我还是得到了它。

我以同样的热情寻求知识，我希望了解人的心灵。我希望知道星星为什么闪闪发光，我试图理解毕达哥拉斯的思想威力，即数字支配着万物流转。这方面我获得一些成就，然而并不多。

爱情和知识，尽其可能地把我引上天堂，但是同情心总把我带回尘世。痛苦的呼号的回声在我心中回荡，饥饿的儿童，被压迫者折磨的受害者，被儿女视为可厌负担的无助的老人以及充满孤寂、贫穷和痛苦的整个世界，都是对人类应有生活的嘲讽。我渴望减轻这些不幸，但是我无能为力，而且我自己也深受其害。

这就是我的一生，我觉得它值得活。如果有机会的话，我还乐意再活一次。

[①] 罗素：《罗素文集 第13卷 罗素自传（第一卷）》，胡作玄、赵慧琪译，商务印书馆，2012年，第1~2页。

第三单元

1. 卜居①

屈原既放，三年不得复见。竭知尽忠，而蔽鄣于谗。心烦虑乱，不知所从。往见太卜郑詹尹曰："余有所疑，愿因先生决之。"詹尹乃端策拂龟，曰："君将何以教之？"屈原曰："吾宁悃悃款款朴以忠乎？将送往劳来斯无穷乎？宁诛锄草茅以力耕乎？将游大人以成名乎？宁正言不讳以危身乎？将从俗富贵以媮生乎？宁超然高举以保真乎？将哫訾栗斯，喔咿儒儿以事妇人乎？宁廉洁正直以自清乎？将突梯滑稽，如脂如韦，以洁楹乎？宁昂昂若千里之驹乎？将氾氾若水中之凫乎，与波上下，偷以全吾躯乎？宁与骐骥亢轭乎？将随驽马之迹乎？宁与黄鹄比翼乎？将与鸡鹜争食乎？此孰吉孰凶？何去何从？世溷浊而不清，蝉翼为重，千钧为轻；黄钟毁弃，瓦釜雷鸣；谗人高张，贤士无名。吁嗟默默兮，谁知吾之廉贞！"詹尹乃释策而谢，曰："夫尺有所短，寸有所长，物有所不足，智有所不明，数有所不逮，神有所不通。用君之心，行君之意，龟策诚不能知事。"

2. 世说新语（节选）②

（一三）

华歆、王朗俱乘船避难，有一人欲依附，歆辄难之。朗曰："幸尚宽，何为不可？"后贼追至，王欲舍所携人。歆曰："本所以疑，正为此耳。既已纳其自托，宁可以急相弃邪？"遂携拯如初。世以此定华、王之优劣。

（四九）

王子猷出都，尚在渚下。旧闻桓子野善吹笛，而不相识。遇桓于岸上过，王在船

---

① 《楚辞》，林家骊译注，中华书局，2010年，第181~182页。
② 《世说新语》，朱碧莲、沈海波译注，中华书局，2011年，第13~14页，第752页。

中，客有识之者，云是桓子野，王便令人与相闻，云："闻君善吹笛，试为我一奏。"桓时已贵显，素闻王名，即便回下车，踞胡床，为作三调。弄毕，便上车去。客主不交一言。

3. 可爱的成都[①]

到成都来，这是第四次。第一次是在四年前，住了五六天，参观全城的大概。第二次是在三年前，我随同西北慰劳团北征，路过此处，故仅留二日。第三次是慰劳归来，在此小住，留四日，见到不少的老朋友。这次——第四次——是受冯焕璋先生之约，去游灌县与青城山，由山上下来，顺便在成都玩几天。

成都是个可爱的地方。对于我，它特别的可爱，因为：

（一）我是北平人，而成都有许多与北平相似之处，稍稍使我减去些乡思。到抗战胜利后，我想，我总会再来一次，多住些时候，写一部以成都为背景的小说。在我的心中，地方好像也都像人似的，有个性格。我不喜上海，因为我抓不住它的性格，说不清它到底是怎么一回事。我不能与我所不明白的人交朋友，也不能描写我所不明白的地方。对成都，真的，我知道的事情太少了；但是，我相信会借它的光儿写出一点东西来。我似乎已看到了它的灵魂，因为它与北平相似。

（二）我有许多老友在成都。有朋友的地方就是好地方。这诚然是个人的偏见，可是恐怕谁也免不了这样去想吧。况且成都的本身已经是可爱的呢。八年前，我曾在齐鲁大学教书。七七抗战后，我由青岛移回济南，仍住齐大。我由济南流亡出来，我的妻小还留在齐大，住了一年多。齐大在济南的校舍现在已被敌人完全占据，我的朋友们的一切书籍器物已被劫一空，那么，今天又能在成都会见其患难的老友，是何等的快乐呢！衣物、器具、书籍，丢失了有什么关系！我们还有命，还能各守岗位的去忍苦抗敌，这就值得共进一杯酒了！抗战前，我在山东大学也教过书。这次，在华西坝，无意中的也遇到几位山大的老友，"惊喜欲狂"一点也不是过火的形容。一个人的生命，我以为，是一半儿活在朋友中的。假若这句话没有什么错误，我便不能不"因人及地"地喜爱成都了。啊，这里还有几十位文艺界的友人呢！与我的年纪差不多的，如郭子杰，叶圣陶，陈翔鹤，诸先生，握手的时节，不知为何，不由得就彼此先看看头发——都有不少根白的了，比我年纪轻一点的呢，虽然头发不露痕迹，可是也显着削瘦。霜鬓瘦脸本是应该引起悲愁的事，但是，为了抗战而受苦，为了气节而不肯折腰，瘦弱衰老不是很自然的结果么？这真是悲喜俱来，另有一番滋味了！

（三）我爱成都，因为它有手有口。先说手，我不爱古玩，第一因为不懂，第二因为没有钱。我不爱洋玩艺，第一因为它们洋气十足，第二因为没有美金。虽不爱古玩与洋东西，但是我喜爱现代的手造的相当美好的小东西。假若我们今天还能制造一些美好的物件，便是表示了我们民族的爱美性与创造力仍然存在，并不逊于古人。中华民族在

[①] 老舍：《老舍散文》，人民文学出版社，2013年，第28~30页。

雕刻，图画，建筑，制铜，造瓷……上都有特殊的天才。这种天才在造几张纸，制两块墨砚，打一张桌子，漆一两个小盒上都随时地表现出来。美的心灵使他们的手巧。我们不应随便丢失了这颗心。因此，我爱现代的手造的美好的东西。北平有许多这样的好东西，如地毯，珐琅，玩具……但是北平还没有成都这样多。成都还存着我们民族的巧手。我绝对不是反对机械，而只是说，我们在大的工业上必须采取西洋方法，在小工业上则须保存我们的手。谁知道这二者有无调谐的可能呢？不过，我想，人类文化的明日，恐怕不是家家造大炮，户户有坦克车，而是要以真理代替武力，以善美代替横暴。果然如此，我们便应想一想是否该把我们的心灵也机械化了吧？次说口：成都人多数健谈。文化高的地方都如此，因为"有"话可讲。但是，这且不在话下。

  这次，我听到了川剧，洋琴，与竹琴。川剧的复杂与细腻，在重庆时我已领略了一点。到成都，我才听到真好的川剧。很佩服贾佩之，萧楷成，周企何诸先生的口。我的耳朵不十分笨，连昆曲——听过几次之后——都能哼出一句半句来。可是，已经听过许多次川剧，我依然一句也哼不出。它太复杂，在牌子上，在音域上，恐怕它比任何中国的歌剧都复杂的好多。我希望能用心的去学几句。假若我能哼上几句川剧来，我想，大概就可以不怕学不会任何别的歌唱了。竹琴本很简单，但在贾树三的口中，它变成极难唱的东西。他不轻易放过一个字去，他用气控制着情，他用"抑"逼出"放"，他由细嗓转到粗嗓而没有痕迹。我很希望成都的口，也和它的手一样，能保存下来。我们不应拒绝新的音乐，可也不应把旧的扫灭。恐怕新旧相通，才能产生新的而又是民族的东西来吧。

  还有许多话要说，但是很怕越说越没有道理，前边所说的那一点恐怕已经是胡涂话啊！且就这机会谢谢侯宝璋先生给我在他的客室里安了行军床，吴先忧先生领我去看戏与洋琴，文协分会会员的招待，与朋友们的赏酒饭吃！

4. 死水微澜（节选）[①]

  邓幺姑顶喜欢听二奶奶讲成都。讲成都的街，讲成都的房屋，讲成都的庙宇花园，讲成都的零碎吃食，讲成都一年四季都有新鲜出奇的小菜："这也怪了！我是顶喜欢吃新鲜小菜的，当初听说嫁到乡坝里来，我多高兴，以为一年到头，都有好小菜吃了。哪晓得乡坝里才是个鬼地方！小菜倒有，吃萝卜就尽吃萝卜，吃白菜就尽吃白菜！总之：一样菜出来，就吃个死！并且菜都出得迟，打个比方，像这一晌，在成都已吃新鲜茄子了，你看，这里的茄子才在开花！……"

  尤其令邓幺姑神往的，就是讲到成都一般大户人家的生活，以及妇女们争奇斗艳的打扮。二奶奶每每讲到动情处，不由把眼睛揉着道："我这一辈子是算了的，在乡坝里拖死完事！再想过从前日子，只好望来生去了！幺姑，你有这样一个好胎子，又精灵，说不定将来嫁给城里人家，你才晓得在成都过日子的味道！"

[①] 李劼人：《死水微澜》，人民文学出版社，2001年，第25～27页。

并且逢年过节，又有逢年过节的成都。二奶奶因为思乡病的原因，愈把成都美化起来。于是，两年之间，成都的幻影，在邓幺姑的脑中，竟与她所学的针线功夫一样，一天一天的进步，一天一天的扩大，一天一天的真确。从二奶奶口中，零零碎碎将整个成都接受过来，虽未见过成都一面，但一说起来，似乎比常去成都的大哥哥还熟悉些。她知道成都有东南西北四道城门，城墙有好高，有好厚；城门洞中间，来往的人如何拥挤。她知道由北门至南门有九里三分长；西门这面别有一个满城，里面住的全是满吧儿，与我们汉人很不对。她知道北门方面有个很大的庙宇，叫文殊院，吃饭的和尚日常是三四百人，煮饭的锅，大得可以煮一只牛，锅巴有两个铜制钱厚。她知道有很多的大会馆，每个会馆里，单是戏台，就有三四处，都是金碧辉煌的；江南馆顶阔绰了，一年要唱五六百台整本大戏，一天总是两三个戏台在唱。她知道许多热闹大街的名字：东大街、总府街、湖广馆；湖广馆是顶好买小菜买鸡鸭鱼虾的地方，凡是新出的菜蔬野味，这里全有；并且有一个卓家大酱园，是做过宰相的卓秉恬家开的，红糟豆腐乳要算第一，酱园门前还竖立着双斗旗杆。她知道点心做得顶好的是淡香斋，桃圆粉、香肥皂做得顶好的是桂林轩，卖肉包子的是都益处，过了中午就买不着了，卖水饺子的是亢饺子，此外还有便宜坊，三钱银子可以配一个消夜攒盒，一两二钱银子可以吃一只烧填鸭，就中顶著名的，是青石板的温鸭子。她知道制台、将军、藩台、臬台，出来时多大威风，全街没一点人声，只要听见导锣一响，铺子里铺子外，凡坐着的人，都该站起来，头上包有白帕子，戴有草帽子的，都该立刻揭下；成都、华阳称为两首县，出来就不同了，拱竿四轿拱得有房檐高，八九个轿夫抬起飞跑，有句俗话说："要吃饭，抬两县，要睡觉，抬司道。"她知道大户人家是多么讲究，房子是如何地高大，家具是如何地齐整，差不多家家都有一个花园。她更知道当太太的、奶奶的、少奶奶的、小姐的、姑娘的、姨太太的，是多么舒服安逸，日常睡得晏晏地起来，梳头打扮，空闲哩，做做针线，打打牌，到各会馆女看台去看看戏，吃得好，穿得好，又有老妈子、丫头等服伺；灶房里有伙房，有厨子，打扫、跑街的有跟班，有打杂，自己从没有动手做过饭，扫过地；一句话说完，大户人家，不但太太小姐们不做这些粗事，就是上等丫头，又何尝摸过锅铲，提过扫把？哪个的手，不是又白又嫩，长长的指甲，不是凤仙花染红的？

邓幺姑之认识成都，以及成都妇女的生活，是这样的，固无怪其对于成都，简直认为是她将来最好归宿的地方。

有时，因为阴雨或是什么事，不能到韩家大院去，便在堂屋织布机旁边，或在灶房烧火板凳上，同她母亲讲成都。她母亲虽是生在成都，嫁在成都，但她所讲的，几乎与韩二奶奶所讲的是两样。成都并不像天堂似的好，也不像万花筒那样五色缤纷，没钱人家苦得比在乡坝里还厉害："乡坝里说苦，并不算得。只要你勤快，到处都可找得着吃，找得着烧。任凭你穿得再褴褛，再坏，到人家家里，总不会受人家的嘴脸。还有哩，乡坝里的人，也不像成都那样动辄笑人，鄙薄人，一句话说得不好，人家就看不起你。我是在成都过伤了心的。记得你前头爹爹，以前还不是做小生意的，我还不是当过掌柜娘来？强强勉勉过了一年多不操心的日子，生你头半年，你前头爹爹运气不好，一场大病，把啥子本钱都害光了。想那时，我怀身大肚地走不动，你前头爹爹扶着病，一步一拖去找亲戚，找朋友，想借几个钱来吃饭医病。你看，这就是成都人的好处，哪个理睬他？后来，连啥子都当尽卖光，只光光地剩一张床。你前头爹爹好容易找到赵公馆去当个小管事，一个月有八钱银子，那时已生了你了。……"

5. 禽兽为邻[①]

　　一个十月的下午，风平浪静，水波不兴，我沿着北岸划船而行，因为就是在这样的日子里潜鸟才会在湖上游动，像马利筋草绒毛；我顺着湖面瞭望潜鸟而不得，突然间却出现了一只，从岸边向湖心游去，在我前面只有几杆远，只见它引颈嘎嘎大笑几声，将它自己暴露无遗。我挥桨追上前去，它倏忽潜下水去，但是等它浮上水面时我离它比先前更近了。它又潜了下去，可是我把它会采取的方向判断错了，这次它浮上水面时我们两个相距五十杆之遥，相距这么远是我划错方向的缘故；它又拉长嗓子大笑起来，嘲笑的理由也比刚才更充足了似的。它忽潜忽浮，计谋多端，我怎么追也无法到达它五六杆的地方。每一次它浮出水面，左顾右盼，冷静地打量湖水和陆地，显然是在挑选潜行的路线，以备它浮出水面时处于最广阔，距离我的船只也最远的水面。令人吃惊的是，它作决定的速度非常迅速，实施它的决定也非常迅速。有一次，它把我带到了湖的最荒野的部分，不肯从这里出去了。它在脑子里思考着一件事情时，我也开动脑子琢磨它的思想活动。这真是一种有趣的游戏，在光滑如镜的湖面上进行，一个人与一只潜鸟在下一盘棋。突然间，你的对手的棋子消失在了棋盘的下面，麻烦在于你要把你的棋子放在它从棋盘下冒出来的最近的地方。有时候，它会出其不意地在你的背后出现，显然是从你的船下面潜过去的。它一口气潜下去很长时间，一点也不觉得憋气，它游得很远很远时还会立即一头扎下去；这时，任凭你多么智慧也很难判断出在这深深的湖面光滑如镜的湖里，它会在哪里像一条鱼那样加快速度，因为它既有时间也有能力光顾这湖底最纵深的地方。据说，潜鸟曾经在纽约湖水下八十英尺的地方被捉住过，不过是被捕捉鲑鱼的钩子挂住的——可是瓦尔登湖比这还要深。鱼儿们看见这不速之客从另一个水域到它们的群体中任意游动，一定会感到惊诧不已！可是，它对它的路线看样子了如指掌，水上水下一个样，甚至在水下比水上更迅捷呢。有一两次，我看见它接近水面的波纹，刚刚露出头侦察一下，转眼就又潜下水去。我以为我停下木桨等它浮上水面，努力判断它会从哪里出现，是一举两得之事；因为一次又一次我瞪着眼睛看这一方水域时，它却会在我身后神秘兮兮地大笑一声，把我突然吓一大跳。但是，既然它展示出如此狡猾的手段，为什么它一露出水面就大笑着把自己暴露无遗呢？难道它的白色胸部还不足以让它形迹败露吗？它无疑是一只傻乎乎的潜鸟，我想。它浮上来时，我一般都听得见它拍水的声音，因此可以侦察它在哪里。可是一个小时过去之后，它看样子始终是那样鲜活，想潜就潜，游得比一开始还远。它冒出水面后，你看见它胸部的羽毛一丝不苟，来去悠然自得，完全靠水下它的两只带蹼的爪子把所有的活儿应付裕如，你不由得感到异常吃惊。它常用的音符是那怪声怪调的大笑，有点像水鸟的叫声；但是，偶尔，它极其成功

[①] 梭罗：《瓦尔登湖》，苏福忠译，人民文学出版社，2004年，第198~200页。

地把我甩开，在很远的地方浮上水面，会扯足嗓子发出一声怪怪的号叫，简直不像鸟的声音，更像是狼嚎；好比一只野兽把嘴贴在了地面上，故意发出阵阵号叫。这就是它的潜鸟之声了——也许是瓦尔登湖所能听到的最桀骜不驯的声音，在森林里引起一轮又一轮的回响，传得十分遥远。我于是得出结论：它是在嘲笑我忙得团团转，而且它对自己的各种本领信心十足。尽管这时的天空阴云密布，但湖面却异常光滑，我虽然听不见它的鸣叫可仍看得见它在哪里冒出水面。它那白色的胸脯，还有静止的空气，微风不动，湖水平滑，这一切都对它不利。最后，在五十杆的地方浮出水面后，它发出了一声那种拉长调子的号叫，仿佛呼唤水鸟之神来保佑它，说时迟那时快，东边果真起风了，把水面立时吹得起了波纹，整个空气布满绵绵细雨，我不由得大吃一惊，好像是潜鸟的祈祷有了回应，它的神灵生我的气了；于是，我让它在远处云翻雾滚的水面上远去，直至消失。

  在秋天的日子里，我会一连数个小时观看鸭子狡猾地来来回回地游动，守着湖的中央，远远地躲开猎人；这些把戏它们大可不必在路易斯安那州一带的牛轭湖里玩弄。不得不飞离湖面时，它们有时会在湖上空保持相当高度，一圈又一圈地盘旋，像天空的黑色斑点，居高临下，很容易看见别的湖泊和河流；我以为它们早已经飞到那些地方了，它们却在四分之一英里远的空旷地带从天而降，落在了不受干扰的地方；可是除了安全起见，它们为什么在瓦尔登湖中央游弋，我便不得而知了，没准它们热爱瓦尔登湖的水与我热爱的理由是一样的呢。

第四单元

1. 孟子（节选）[①]

《公孙丑上（节选）》

孟子曰："人皆有不忍人之心。先王有不忍人之心，斯有不忍人之政矣。以不忍人之心，行不忍人之政，治天下可运之掌上。所以谓'人皆有不忍人之心'者，今人乍见孺子将入于井，皆有怵惕恻隐之心，非所以内交于孺子之父母也，非所以要誉于乡党朋友也，非恶其声而然也。由是观之，无恻隐之心，非人也；无羞恶之心，非人也；无辞让之心，非人也；无是非之心，非人也。恻隐之心，仁之端也；羞恶之心，义之端也；辞让之心，礼之端也；是非之心，智之端也。人之有是四端也，犹其有四体也。有是四端而自谓不能者，自贼者也。谓其君不能者，贼其君者也。凡有四端于我者，知皆扩而充之矣，若火之始然，泉之始达。苟能充之，足以保四海；苟不充之，不足以事父母。"

《离娄下（节选）》

孟子曰："君子所以异于人者，以其存心也。君子以仁存心，以礼存心。仁者爱人，有礼者敬人。爱人者，人恒爱之；敬人者，人恒敬之。有人于此，其待我以横逆，则君子必自反也：我必不仁也，必无礼也，此物奚宜至哉？其自反而仁矣，自反而有礼矣，其横逆由是也，君子必自反也：我必不忠。自反而忠矣，其横逆由是也，君子曰：'此亦妄人也已矣。如此，则与禽兽奚择哉？于禽兽又何难焉？'是故君子有终身之忧，无一朝之患也。乃若所忧则有之：舜，人也；我，亦人也。舜为法于天下，可传于后世，我由未免为乡人也，是则可忧也。忧之如何？如舜而已矣。若夫君子所患则亡矣。非仁无为也，非礼无行也。如有一朝之患，则君子不患矣。"

2. 齐王使使者问赵威后[②]

齐王使使者问赵威后，书未发，威后问使者曰："岁亦无恙耶？民亦无恙耶？王亦

[①] 《孟子》，方勇译注，中华书局，2010年，第59页，第163~164页。
[②] 《战国策》，缪文远、缪伟、罗永莲译注，中华书局，2012年，第327~328页。

无恙耶？"使者不说，曰："臣奉使使威后，今不问王而先问岁与民，岂先贱而后尊贵者乎？"威后曰："不然。苟无岁，何以有民？苟无民，何以有君？故有问舍本而问末者耶？"

乃进而问之曰："齐有处士曰钟离子，无恙耶？是其为人也，有粮者亦食，无粮者亦食；有衣者亦衣，无衣者亦衣。是助王养其民者也，何以至今不业也？叶阳子无恙乎？是其为人，哀鳏寡，恤孤独，振困穷，补不足，是助王息其民者也，何以至今不业也？北宫之女婴儿子无恙耶？彻其环瑱，至老不嫁，以养父母，是皆率民而出于孝情者也，胡为至今不朝也？此二士弗业，一女不朝，何以王齐国，子万民乎？於陵子仲尚存乎？是其为人也，上不臣于王，下不治其家，中不索交诸侯。此率民而出于无用者，何为至今不杀乎？"

3. 自知与终身之事业[①]

希腊七贤中有云，"汝其自知"。此语自解释上言之，颇多义蕴。姑取一端而论，则谓人宜有自知之明也。自知之人，度己之材，恰充其量，无过无不及。不完全者，人之性则然；盈于此者，恒绌于彼。人每有一节之长，而众节无不长者，则殊未有。审己之短，忘己之长，而因自馁者非是。忘己之短，从己之长，因而躬自尊大者，尤为非是。必自知周详，避短就长，然后一生事业，有所托命。否则己之不知，而况于人，而况于物，而况以己身遇事理之至赜乎。

人惟有自知之明，斯宜自度己材，择一适宜之终身之职业。盖终身之事业，必缘终身之职业以生。凡学与术，皆以习久而精。操一业以终其身，与数易其业者，所诣浅深，未可比论。故荀卿云，"好稼者众矣，而稷独传者一也……好书者众矣，而仓颉独传者一也"。然世人恒不肯择一职业，终身守之，则亦有故。一为虚荣心所迫，二为侈养心所驱，社会上待遇各项职业，恒有荣卑之差。人不能无动于中，乃舍其素业，以就其向所不习。"夫人幼而学之，壮而欲行之"，乃姑舍己以从人，"吾未见其尊己也"，是之谓虚荣心。职业无尊卑，而所入有差别。所入多者，可以应欲愿之求；举凡衣食寝处，不妨肆意为之。人见而羡之，以为己之所入，不能若人，则姑舍己以从彼；侈养于四体，而薄养于心性。是之谓侈养心。凡此二者，欲解其惑，则亦有说。知职业原属平等，虚荣心斯不足扰，知奉养之俭侈，与心神之局泰无与，侈养心斯无从生。各类职业，原无贵贱之别。苟非不正当之职业，未有不为社会所需要者。惟其皆为社会所需要，自无从判别其尊卑小大。社会上尊卑之见者，妄也。所入厚者，所需愈多，所累愈重，因之心境常不得安。故欲厚其养，惟有减其心神之安宁。心安则养薄，养厚则心促。以心境与奉养之度相乘，任在何人，其积每为一致。于此可知力求侈养者，"狙之朝四暮三"也。

《韩诗外传》记闵子骞云："出见裘马之肥则好之，入闻夫子之言则又好之。两心交

[①] 傅斯年：《傅斯年全集（第1卷）》，欧阳哲生主编，湖南教育出版社，2000年，第149～150页。

战，故瘠也。"不能择一职业，终身守之，以成终身之事业，能无瘠乎？

4. 恭王府小记[①]

是往事了！提起神伤。却又是新事，令人兴奋。回思 1961 年冬，我与何其芳、王昆仑、朱家溍等同志相偕调查恭王府（相传的大观园遗迹），匆匆已十余年。何其芳同志下世数载，旧游如梦！怎不令人黯然低徊。去冬海外归来，居停京华，其庸兄要我再行踏勘，说又有可能筹建为曹雪芹纪念馆。春色无边，重来天地，振我疲躯，自然而然产生出两种不同的心境，神伤与兴奋，交并盘旋在我的脑海中。

记得过去看到英国出版的一本 Orvald Sirien 所著的《中国园林》，刊有恭王府的照片，楼阁山池，水木明瑟，确令人神往。后来我到北京，曾涉足其间，虽小颓风范而丘壑独存，红楼旧梦一时涌现心头。这偌大的一个王府，在悠长的岁月中，它经过了多少变幻。"词客有灵应识我"，如果真的曹雪芹有知的话，那我亦不虚此行了。

恭王府在什刹海银锭桥南，是北京现存诸王府中，结构最精，布置得宜，且拥有大花园的一组建筑群。王府之制，一般其头门不正开，东向，入门则诸门自南往北，当然恭王府亦不例外，可惜其前布局变动了，尽管如此，可是排场与气魄依稀当年。围墙范围极大，唯东侧者，形制极古朴，"收分"（下大上小）显著，做法与西四羊市大街之历代帝王庙者相同，而雄伟则过之，此庙为明嘉靖九年（公元 1530 年）就保安寺址创建，清雍正七年（公元 1729 年）重修。于此可证恭王府旧址由来久矣。府建筑共三路，正路今存两门，正堂（厅）已毁，后堂（厅）悬"嘉乐堂"额，传为乾隆时和珅府之物。则此建筑年代自明。东路共三进，前进梁架用小五架梁式，此种做法，见明计成《园冶》一书，明代及清初建筑屡见此制，到乾隆后几成绝响。其后两进，建筑用材与前者同属挺秀，不似乾隆时之肥硕，所砌之砖与乾隆后之规格有别，皆可初步认为康熙时所建。西路亦三进，后进垂花门悬"天香庭院"额，正房有匾名"锡晋斋"，皆为恭王府旧物。柱础施雕，其内部用装修分隔，洞房曲户，回环四合，精妙绝伦，堪与故宫乾隆花园符望阁相颉颃。我来之时，适值花期，院内梨云、棠雨、丁香雪，与扶疏竹影交响成曲，南归相思，又是天涯。后部横楼长一百六十米，阑干修直，窗影玲珑，人影衣香，令人忘返。其置楼梯处，原堆有木假山，为海内仅见孤例。就年代论此楼较迟。以整个王府来说似是从东向西发展而成。

楼后为花园，其东部小院，翠竹丛生，廊空室静，帘隐几净，多雅淡之趣，虽属后建，而布局似沿旧格，垂花门前四老槐，腹空皮留，可为此院年代之证物。此即所谓潇湘馆。而廊庑周接，亭阁参差，与苍松翠柏，古槐垂杨，掩映成趣。间有水石之胜，北国之园得无枯寂之感。最后亘于北垣下，以山作屏者为"蝠厅"，抱厦三间突出，自早至暮，皆有日照，北京唯此一处而已，传为怡红院所在，以建筑而论，亦属恭王府时代的，左翼以廊，可导之西园。厅前假山分前后二部，后部以云片石叠为后补，主体以土

[①] 陈从周：《梓翁说园》，北京出版社，2016 年，第 203~206 页。

太湖石叠者为旧物，上建阁，下构洞曲，施石过梁，视乾隆时代之做法为旧，山间树木亦苍古。时期固甚分明。其余假山皆云片石所叠，树亦新，与其附近鉴园假山相似，当为恭王时期所添筑。西部前有"榆关"、"翠云岭"，亦后筑。湖心亭一区背出之，今水已填没，无涟漪之景矣。园后东首的戏厅，华丽轩敞，为京中现存之完整者。

俞星垣（同奎）先生谓："花园在恭王府后身，府系乾隆时和珅之子丰绅殷德娶和孝固伦公主赐第。"可证乾隆前已有府第矣。又云："公元1799年（清嘉庆四年）和珅籍没，另给庆禧亲王为府第。约公元1851年（清咸丰间）改给恭亲王，并在府后添建花园。"此恭王府由来也。足以说明乾隆间早已形成王府格局，后来必有所增建。

四十年前单士元同志曾写过《恭王府考》载《辅仁大学学报》，有过详细的文献考证。我如今仅就建筑与假山做了初步的调查，因为建筑物的梁架全为天花所掩，无从做周密的检查，仅提供一些看法而已。

在国外，名人故居都保存得很好，任人参观凭吊，恭王府虽非确实的大观园，曹氏当年于明珠府第必有所往还。雪芹曾客南中，江左名园亦皆涉足，故我与俞平伯先生同一看法，认为大观园是园林艺术的综合，其与镇江金山寺的白娘娘水斗，甘露寺的刘备招亲，同为民间流传了的故事。如今以恭王府作为《红楼梦》作者曹雪芹的纪念馆，则又有何不可呢？并且北京王府能公开游览者亦唯此一处。用以显扬祖国文化，保存曹氏史迹，想来大家一定不谓此文之妄言了。

5. *An Optimist Looks At China*[①]

It is in the direction of abolishing the numerous evils of the old tradition that China has achieved the greatest success in the past few decades. She has successfully prohibited the foot-binding which has been a terrible curse to Chinese womanhood for at least a thousand years. The hereditary absolute monarchy has been overthrown, and with it are gone all those institutions which for centuries have been its paraphernalia: the imperial household with its unlimited number of wives and concubines, the institution of eunuchism, the parasitic nobility born to power, and many others. With the revision of Chinese law and the reform of legal procedure, the ancient tortures and inhuman punishments were abolished. The opening of new schools marked the disappearance of the mechanical and exacting form of literary composition, known as the Octopartite, which had been required as the standard form in all state examinations, and for the mastery of which the best years and energies of the whole educated class of the past six centuries had been sacrificed.

These are a few of the more fundamental departures from the old tradition. They

---

① Hu Sbib: An Optimist Looks At China，《西南联大英文课：有声珍藏版 英、汉》，陈福田编，罗选民等译，中译出版社，2019年，第53~55页。

are not merely isolated items of reform; they are indicators of fundamental changes in attitudes toward the most important phases of life. The binding of women's feet, for example, was not merely an isolated institution of extreme cruelty and brutality, but also the clear and undeniable evidence of a general attitude toward womanhood which ten centuries of native religion and moral philosophy had failed to condemn and rectify. The abolition of foot-binding, therefore, is not merely the passing away of an inhuman institution, but an indication of the coming of an entirely new attitude toward womanhood. In that sense, it is veritably a moral revolution.

This revolution with regard to womanhood, which began with the agitation of Christian missionaries against foot-binding, has been going on all these years. It includes the opening of schools for girls, the gradual spread of coeducation in practically all universities and colleges, the entrance of women into professional and even official life, the recognition under the new Civil Code of their equal rights to inherit property with their brothers, and the rapid changes in the law and custom concerning marriage and divorce. The revolution is far from completion; but it has already achieved in a few decades what twenty-five centuries of Confucianist humanitarianism and twenty centuries of Buddhist mercy had never dreamed of achieving. May we not call this a great progress?

第五单元

1. 庄子·山木（节选）①

庄子行于山中，见大木，枝叶盛茂，伐木者止其旁而不取也。问其故，曰："无所可用。"庄子曰："此木以不材得终其天年。"

夫子出于山，舍于故人之家。故人喜，命竖子杀雁而烹之。竖子请曰："其一能鸣，其一不能鸣，请奚杀？"主人曰："杀不能鸣者。"

明日，弟子问于庄子曰："昨日山中之木，以不材得终其天年；今主人之雁，以不材死。先生将何处？"庄子笑曰："周将处乎材与不材之间。材与不材之间，似之而非也，故未免乎累。若夫乘道德而浮游则不然。无誉无訾，一龙一蛇，与时俱化，而无肯专为；一上一下，以和为量，浮游乎万物之祖。物物而不物于物，则胡可得而累邪！此神农、黄帝之法则也。若夫万物之情，人伦之传则不然。合则离，成则毁，廉则挫，尊则议，有为则亏，贤则谋，不肖则欺，胡可得而必乎哉！悲夫！弟子志之，其唯道德之乡乎！"

2. 报任安书（节选）②

古者富贵而名磨灭，不可胜记，唯倜傥非常之人称焉。盖文王拘而演《周易》；仲尼厄而作《春秋》；屈原放逐，乃赋《离骚》；左丘失明，厥有《国语》；孙子膑脚，兵法修列；不韦迁蜀，世传《吕览》；韩非囚秦，《说难》《孤愤》；《诗》三百篇，大底贤圣发愤之所为作也。此人皆意有所郁结，不得通其道，故述往事、思来者。乃如左丘无目，孙子断足，终不可用，退而论书策以舒其愤，思垂空文以自见。仆窃不逊，近自托于无能之辞，网罗天下放失旧闻，略考其事，综其终始，稽其成败兴坏之纪，上计轩辕，下至于兹，为十表、本纪十二、书八章、世家三十、列传七十，凡百三十篇。亦欲以究天人之际，通古今之变，成一家之言。草创未就，会遭此祸，惜其不成，是以就极刑而无愠色。仆诚以著此书，藏之名山，传之其人、通邑大都，则仆偿前辱之责，虽万

---

① 《庄子》，方勇译注，中华书局，2010年，第317~318页。
② 《古文观止》，钟基、李先银、王身钢译注，中华书局，2011年，第363~364页。

被戮,岂有悔哉!然此可为智者道,难为俗人言也。

3. 合欢树[①]

　　十岁那年,我在一次作文比赛中得了第一。母亲那时候还年轻,急着跟我说她自己,说她小时候的作文作得还要好,老师甚至不相信那么好的文章会是她写的。"老师找到家来问,是不是家里的大人帮了忙。我那时可能还不到十岁呢。"我听得扫兴,故意笑:"可能?什么叫可能还不到?"她就解释。我装作根本不再注意她的话,对着墙打乒乓球,把她气得够呛。不过我承认她聪明,承认她是世界上长得最好看的女的。她正给自己做一条蓝地白花的裙子。

　　二十岁,我的两条腿残废了。除去给人家画彩蛋,我想我还应该再干点儿别的事,先后改变了几次主意,最后想学写作。母亲那时已不年轻,为了我的腿,她头上开始有了白发。医院已经明确表示,我的病目前没办法治,母亲的全副心思却还放在给我治病上,到处找大夫,打听偏方,花很多钱。她倒总能找来些稀奇古怪的药,让我吃,让我喝,或者是洗、敷、熏、灸。"别浪费时间啦!根本没用!"我说。我一心只想着写小说,仿佛那东西能把残疾人救出困境。"再试一回,不试你怎么知道有用没用?"她说每一回都虔诚地抱着希望。然而对我的腿,有多少回希望就有多少回失望。最后一回,我的胯上被熏成烫伤。医院的大夫说,这实在太悬了,对于瘫痪病人,这差不多是要命的事。我倒没太害怕,心想死了也好,死了倒痛快。母亲惊惶了几个月,昼夜守着我,一换药就说:"怎么会烫了呢?我还直留神呀!"幸亏伤口好起来,不然她非疯了不可。

　　后来她发现我在写小说。她跟我说:"那就好好写吧。"我听出来,她对治好我的腿也终于绝望。"我年轻的时候也最喜欢文学。"她说。"跟你现在差不多大的时候,我也想过搞写作,"她说。"你小时候的作文不是得过第一?"她提醒我说。我们俩都尽力把我的腿忘掉。她到处给我借书,顶着雨或冒了雪推我去看电影,像过去给我找大夫、打听偏方那样,抱了希望。

　　三十岁时,我的第一篇小说发表了,母亲却已不在人世。过了几年,我的另一篇小说又侥幸获奖,母亲已经离开我整整七年。

　　获奖之后,登门采访的记者就多。大家都好心好意,认为我不容易。但是我只准备了一套话,说来说去就觉得心烦。我摇着车躲出去。坐在小公园安静的树林里,我闭上眼睛,想:上帝为什么早早地召母亲回去呢?很久很久,迷迷糊糊地,我听见回答:"她心里太苦了。上帝看她受不住了,就召她回去。"我似乎得到一点儿安慰,睁开眼睛,看见风正从树林里穿过。

　　我摇车离开那儿,在街上瞎逛,不想回家。

　　母亲去世后,我们搬了家。我很少再到母亲住过的那个小院儿去。小院儿在一个大院儿的尽里头,我偶尔摇车到大院儿去坐坐,但不愿意去那个小院儿,推说手摇车进去

[①] 史铁生:《我与地坛》,人民文学出版社,2010 年,第 37～40 页。

不方便。院儿里的老太太们还都把我当儿孙看，尤其想到我又没了母亲，但都不说，光扯些闲话，怪我不常去。我坐在院子当中，喝东家的茶，吃西家的瓜。有一年，人们终于又提到母亲："到小院儿去看看吧，你妈种的那棵合欢树今年开花了！"我心里一阵抖，还是推说手摇车进出太不易。大伙儿就不再说，忙扯些别的，说起我们原来住的房子里现在住了小两口，女的刚生了个儿子，孩子不哭不闹，光是瞪着眼睛看窗户上的树影儿。

我没料到那棵树还活着。那年，母亲到劳动局去给我找工作，回来时在路边挖了一棵刚出土的"含羞草"，以为是含羞草，种在花盆里长，竟是一棵合欢树。母亲从来喜欢那些东西，但当时心思全在别处。第二年合欢树没有发芽，母亲叹息了一回，还不舍得扔掉，依然让它长在瓦盆里。第三年，合欢树却又长出叶子，而且茂盛了。母亲高兴了很多天，以为那是个好兆头，常去侍弄它，不敢再大意。又过一年，她把合欢树移出盆，栽在窗前的地上，有时念叨，不知道这种树几年才开花。再过一年，我们搬了家，悲痛弄得我们都把那棵小树忘记了。

与其在街上瞎逛，我想，不如就去看看那棵树吧。我也想再看看母亲住过的那间房。我老记着，那儿还有个刚来到世上的孩子，不哭不闹，瞪着眼睛看树影儿。是那棵合欢树的影子吗？小院儿里只有那棵树。

院儿里的老太太们还是那么欢迎我，东屋倒茶，西屋点烟，送到我眼前。大伙儿都不知道我获奖的事，也许知道，但不觉得那很重要；还是都问我的腿，问我是否有了正式工作。这回，想摇车进小院儿真是不能了。家家门前的小厨房都扩大，过道窄到一个人推自行车进出也要侧身。我问起那棵合欢树。大伙儿说，年年都开花，长到房高了。这么说，我再看不见它了。我要是求人背我去看，倒也不是不行。我挺后悔前两年没有自己摇车进去看看。

我摇着车在街上慢慢走，不急着回家。人有时候只想独自静静地待一会儿，悲伤也成享受。

有一天那个孩子长大了，会想起童年的事，会想起那些晃动的树影儿，会想起他自己的妈妈。他会跑去看看那棵树，但他不会知道那棵树是谁种的，是怎么种的。

4. 年意[①]

年意一如春意或秋意，时深时浅时有时无。然而，春意是随同和风、绿色、花气和嗡嗡飞虫而来，秋意是乘载黄叶、凉雨、瑟瑟天气和凋残的风景而至，那么年意呢？

年意不像节气那样——宇宙的规律，大自然的变化，都是外加给人的……它很奇妙！比如伏天挥汗时，你去看那张传统而著名的木版年画《大过新年》，画面上风趣地描绘着大年夜合家欢聚的种种情景。你呢？最多只为这民俗的意蕴和稚拙的版味所吸引，并不被打动。但在腊月里，你再去瞅这花花绿绿的画儿，感觉竟然全变了。它变得

[①] 冯骥才：《珍珠鸟》，作家出版社，2009年，第75～76页。

亲切、鲜活、热烈、火爆，一下子撩起你过年的兴致。它分明给了你以年意的感染。但它的年意又是哪儿来的呢？倘若含在画中，为何夏日里你却从中丝毫感受不到？

年年一喝那杂米杂豆熬成的又黏又甜味道独特的腊八粥，便朦胧看到了年，好似彼岸那样在前面一边诱惑一边等待了。时光通过腊月这条河，一点点驶向年底。年意仿佛大地寒冬的雪意，一天天簇密和深浓。你想一想，这年意究竟是怎样不声不响却日日加深的？是从交谈中愈来愈多说到"年"这个字，是开始盘算如何购置新衣、装点房舍、筹办年货……还是你在年货市场挤来挤去时，受到了人们要把年过好那股子高涨的生活热情的传染？年货，无论是吃的、玩的、看的、使的，全都火红碧绿艳紫鲜黄，亮亮堂堂，生活好像一下子点满了灯。那些年年此时都要出现的图案，一准全冒出来——松菊、蝙蝠、鹤鹿、老钱、宝马、肥猪、刘海、八仙、喜鹊、聚宝盆，谁都知道它们暗示着富贵、长寿、平安、吉利、好运与兴旺……它们把你围起来，掀动你的热望，鼓舞你的欲求，叫你不知不觉把心中的祈望也寄托其中了。祖祖辈辈不管今年的希望明年是否落空，不管老天爷的许诺是否兑现，他们照样活得这样认真、虔诚、执著与热情。唯有希望才使生活充满魅力……

当窗玻璃外冷冽的风撩动红纸吊钱敲打着窗户，或是性急的小孩子提前零落地点响爆竹，或是邻人炖肉煮鸡的芬芳窜入你的鼻孔，都让你感觉大年将临，甚至有种逼迫感。如果此时你还欠缺几样年货未有齐备，少四头水仙或二斤大红苹果，不免会心急不安，跑到街上转来转去，无论如何也要把这必备的年货买齐。圆满过年，来年圆满。年意原来竟如此深厚，如此强劲！如果此时你身在异地，急切回家，就算那一列列火车被返乡度年的人满满实实挤得变了形，而你生怕误车而错过大年夜的团圆，也许会不顾挨骂、撅着屁股硬爬进车窗。年意还是一种着魔发疯的情绪！

不管一年里你有多少失落与遗憾，自艾自怨，在大年三十晚上坐在摆满年饭的桌旁，必须笑容满面。脸上无忧，来年无愁。你极力说着吉祥话和吉利话，极力让家人笑，家人也极力让你笑。你还不自觉地让心中美好的愿望膨胀起来，热乎乎地填满你的心怀。哎，这时你是否感觉到，年意其实不在任何其他地方，它原本就在你的心里，也在所有人的心里。年意不过是一种生活的情感、期望和生机。而年呢？就像一盏红红的灯笼，一年一度把它迷人地照亮。

5. 致青年[①]

通常来说，问卷调查要么惹人厌烦，要么乏味无聊。不过，偶尔会有一两份问卷发人深省。这种情况下，被提问者会感激调查者。几天前的一个早晨，当有人请我回答下面这两个问题时，我就很感激调查者：

1. 你人生中最宝贵的教训是什么？

[①]《西南联大英文课 有声珍藏版：英、汉》，陈福田编，罗选民等译，中译出版社，2019年，第116～119页。

2. 如果请你给一位年轻朋友一点建议，来帮助他平稳渡过生命中最艰难的时期，你会给他什么建议？

这两个问题问得好，让我们来想一想。

一

青少年时期是一个人生命中最艰难的一段时期，因为在这个时期，每次失败都像是终结。如果这个青年长大一些，他将学到人生最宝贵的第一个教训——任何失败都不是终结。

"事情会多多少少向坏的方面发展。"迪斯雷利曾悲哀地说。这么表述的话，这个想法确实不令人宽慰。虽然事情也确实可能往好的方面发展，但更多时候，很多努力都白费了，毫无结果。这种糟糕的情况会延续几周到几个月，当时似乎没有任何解决办法，到后来只留下淡淡的回忆、混乱的画面和深深的懊悔。

如果有人曾经历过难以承受的挫折或痛苦，而后这些经历变成了模糊的过去，那么这个人将更有力量面对痛苦。"那是不幸带来的力量，"浪漫的青年会说，"一种由冷漠和怀疑构成的力量。我不要这种力量，让我软弱和痛苦吧。"

这个年轻人错了。那些成熟的男女并没有变得冷漠。即使在恋爱中，他们也知道激情转瞬即逝；这种认识使得他们对爱情的感受更敏锐，更强烈。"第二次爱情最悲伤，"歌德曾说，"但第三次爱情来临时，会抚慰并弥补前两次爱情的遗憾。"

我在这里谈的不仅仅是个人问题和个人忧伤。在政治生活中，也是如此。那些拉长着脸的先知，预言各种不幸的发生，扰乱了那些没有生活经验的年轻人的心。同样，如果再年长几岁，生活会教导我们，很多事情随着时间推移和环境变化，自己会理顺自己。一位睿智的意大利老外交官过去常对他身边的年轻人说："永远不要说'这很严重'。六十年来，我一直听见人们说事情非常严重。"

事实上，人生在世，有哪件事情不严重呢？做人、活着、坚持，都很严重。尽管如此，正如那位意大利外交官所说，生活也非常简单，非常美丽。这也是不容置疑的，因为生命已经延续了上百万年了。

"空洞的乐观主义论调。"有人会说。在当前的悲愁中，"将来就好了"的想法并不能带给我们多少安慰。但生活本身教给我们用更积极的方法治疗伤痛。我们学会了怎么摆脱最痛苦的时刻。离开伤心地，痛苦就可以得到医治。逃到二十英里以外……想有一段时间不用看到那些伤害我们的人……一点一点地，那些痛苦的记忆就慢慢消退了。更好的一点是，即使不离开伤心地，我们也可以通过阅读、听音乐，以及某种形式的创造性活动，摆脱痛苦的折磨。艺术在生活中的作用，就是让我们不再专注于自身——这既痛苦又毫无意义，而是让我们在对美的沉思中进入宁静和忘我的状态。

生活给我的第二个教训是，极少有人是完全邪恶的。年轻人只知道平和的家庭生活，所以在他们最初接触陌生人的几年里，对碰到的残忍、自私、嫉妒等负面现象感到恐惧害怕，他们觉得到处都是这样的人。年轻人的悲观也不是完全没有理由：人性的确可以低劣到惊人的程度。但是，随着我们对他人的了解增多，我们会发现，他们也能表现出友善、持久的温柔，甚至是英勇。这时，我们开始意识到，生活中真正可怕的，是把犯罪当成保护自己的盔甲。所谓的报仇其实是真正的遭罪。而且，盲目地判断和行动意味着无知。英国作家查尔斯·兰姆曾说："我恨那个人。""但你根本不认识他。"一个听众反驳道。"我当然不认识他，"兰姆回答，"你认为我可能恨一个我认识的人吗？"

"生活教给我的最宝贵的教训是什么？"是对人性的坚定信念。尽管人会犯罪，人会疯狂，但我依然对人性充满信心。因为疯狂是果，不是因。

二

现在，让我们来回答第二个问题："如果请你给一位年轻朋友一些建议，来帮助他平稳渡过生命中最艰难的时期，你会给他什么建议？"

这个问题需要一本书才能回答，一篇文章回答不了。但如果要我勉为其难地回答的话，首先我要强调约束自己的重要性。一个人无休止地探求每件事的前因后果并不好。要生活得幸福，就必须有坚定的原则作为基石。我甚至要说，是什么原则并不重要，重要的是，这些原则是可靠的、稳定不变的；而且我们不能打折扣。我在这里说的并不是宗教信条。诗人拜伦说："教义是一个人和他的创造者之间的事。"我说的是那些自愿的行为，必须建立在稳固的基础之上，严格依照原则生活。宗教生活的原则、工作的原则、每一种活动的原则——这些都一样有益，只要你全心全意信奉这些原则。

达到心理平衡和道德完善的另一个条件，在我看来，是计划的一致性和延续性。年轻人会受到各种机会的诱惑，而机会是无限的。限制一个年轻人的选择会激怒他。他想拥有各种朋友，踏上每一次可能的旅行，拥抱所有的学问，尝试每一种事业，经历各种爱情。但生活的一个条件是，人必须限制自己；他必须作出选择。那时，而且只有那时，他才能够深入生活，稳步向前。

我想，这些就是我对这两个问题的回答——如果要我回答的话。

第六单元

1. 文赋[①]

　　余每观才士之所作，窃有以得其用心。夫放言遣辞，良多变矣，妍蚩好恶，可得而言；每自属文，尤见其情。恒患意不称物，文不逮意。盖非知之难，难之难也。故作《文赋》以述先士之盛藻，因论作文之利害所由。它日殆可谓曲尽其妙；至于操斧伐柯，虽取则不远，若夫随手之变，良难以辞逮。盖所能言者，具于此云。

　　伫中区以玄览，颐情志于典坟。遵四时以叹逝，瞻万物而思纷。悲落叶于劲秋，喜柔条于芳春，心懔懔以怀霜，志眇眇而临云。咏世德之骏烈，诵先人之清芬，游文章之林府，嘉丽藻之彬彬。慨投篇而援笔，聊宣之乎斯文。

　　其始也，皆收视反听，耽思傍讯。精骛八极，心游万仞。其致也，情曈昽而弥鲜，物昭晰而互进。倾群言之沥液，漱六艺之芳润。浮天渊以安流，濯下泉而潜浸。于是沈辞怫悦，若游鱼衔钩，而出重渊之深；浮藻联翩，若翰鸟缨缴，而坠曾云之峻。收百世之阙文，采千载之遗韵。谢朝华于已披，启夕秀于未振。观古今于须臾，抚四海于一瞬。

　　然后选义按部，考辞就班。抱景者咸叩，怀响者毕弹。或因枝以振叶，或沿波而讨源。或本隐以之显，或求易而得难。或虎变而兽扰，或龙见而鸟澜。或妥帖而易施，或岨峿而不安。罄澄心以凝思，眇众虑而为言。笼天地于形内，挫万物于笔端。始踯躅于燥吻，终流离于濡翰。理扶质以立干，文垂条而结繁。信情貌之不差，故每变而在颜。思涉乐其必笑，方言哀而已叹。或操觚以率尔，或含毫而邈然。

　　伊兹事之可乐，固圣贤之所钦。课虚无以责有，叩寂寞而求音。函绵邈于尺素。吐滂沛乎寸心。言恢之而弥广，思按之而逾深，播芳蕤之馥馥，发青条之森森。粲风飞而猋竖，郁云起乎翰林。

　　体有万殊，物无一量。纷纭挥霍，形难为状。辞程才以效伎，意司契而为匠。在有无而俛俯，当浅深而不让。虽离方而遁员，期穷形而尽相。故夫夸目者尚奢，惬心者贵当。言穷者无隘，论达者唯旷。诗缘情而绮靡，赋体物而浏亮。碑披文以相质，诔缠绵而凄怆。铭博约而温润箴顿挫而清壮。颂优游以彬蔚，论精微而朗畅。奏平彻以闲雅，说炜晔而谲诳。虽区分之在兹，亦禁邪而制放。要辞达而理举，故无取乎冗长。

[①] 陈宏天、赵福海、陈复兴主编：《昭明文选译注（第二卷）》，吉林文史出版社，2007年，第127~132页。

其为物也多姿，其为体也屡迁。其会意也尚巧，其遣言也贵妍。暨音声之迭代，若五色之相宣。虽逝止之无常，固崎锜而难便。苟达变而识次，犹开流以纳泉。如失机而后会，恒操末以续颠。谬玄黄之秩序，故淟涊而不鲜。

或仰逼于先条，或俯侵于后章，或辞害而理比，或言顺而义妨。离之则双美，合之则两伤。考殿最于锱铢，定去留于毫芒。苟铨衡之所裁，固应绳其必当。或文繁理富，而意不指适。极无两致，尽不可益。立片言而居要，乃一篇之警策。虽众辞之有条，必待兹而效绩。亮功多而累寡，故取足而不易。

或藻思绮合，清丽芊眠，炳若缛绣，凄若繁弦，必所拟之不殊，乃暗合乎曩篇。虽杼轴于予怀，怵他人之我先。苟伤廉而愆义，亦虽爱而必捐。

或苕发颖竖，离众绝致。形不可逐，响难为系。块孤立而特峙，非常音之所纬。心牢落而无偶，意徘徊而不能揥。石韫玉而山辉，水怀珠而川媚。彼榛楛之勿剪，亦蒙荣于集翠。缀《下里》于《白雪》，吾亦济夫所伟。

或托言于短韵，对穷迹而孤兴。俯寂寞而无友，仰寥廓而莫承。譬偏弦之独张，含清唱而靡应。

或寄辞于瘁音，徒靡言而弗华。混妍蚩而成体，累良质而为瑕。象下管之偏疾，故虽应而不和。

或遗理以存异，徒寻虚以逐微。言寡情而鲜爱，辞浮漂而不归。犹弦幺而徽急，故虽和而不悲。

或奔放以谐合，务嘈𠺢而妖冶。徒悦目而偶俗，固高声而曲下。寤《防露》与《桑间》，又虽悲而不雅。

或清虚以婉约，每除烦而去滥，阙大羹之遗味，同朱弦之清汜，虽一唱而三叹，固既雅而不艳。

若夫丰约之裁，俯仰之形，因宜适变曲有微情。或言拙而喻巧；或理朴而辞轻；或袭故而弥新；或沿浊而更清；或览之而必察；或研之而后精。譬犹舞者赴节以投袂，歌者应弦而遣声。是盖轮扁所不得言，故亦非华说之所能精。

普辞条与文律，良余膺之所服。练世情之常尤，识前修之所淑。虽浚发于巧心，或受嗤于拙目。彼琼敷与玉藻，若中原之有菽。同橐籥之罔穷，与天地乎并育。虽纷蔼于此世，嗟不盈于予掬。患挈瓶之屡空，病昌言之难属。故踸踔于短垣，放庸音以足曲。恒遗恨以终篇，岂怀盈而自足？惧蒙尘于叩缶，顾取笑乎鸣玉。

若夫应感之会，通塞之纪。来不可遏，去不可止。藏若景灭，行犹响起。方天机之骏利，夫何纷而不理？思风发于胸臆，言泉流于唇齿。纷葳蕤以馺遝，唯毫素之所拟。文徽徽以溢目，音泠泠而盈耳。及其六情底滞，志往神留。兀若枯木，豁若涸流。揽营魂以探赜，顿精爽于自求。理翳翳而愈伏。思轧轧其若抽。是以或竭情而多悔；或率意而寡尤。虽兹物之在我，非余力之所戮。故时抚空怀而自惋，吾未识夫开塞之所由。

伊兹文之为用，固众理之所因。恢万里而无阂，通亿载而为津。俯贻则于来叶，仰观象乎古人。济文武于将坠，宣风声于不泯。涂无远而不弥，理无微而弗纶。配沾润于云雨，象变化乎鬼神。被金石而德广，流管弦而日新。

2. 拟行路难（节选）[①]

对案不能食，拔剑击柱长叹息。丈夫生世会几时？安能蹀躞垂羽翼？弃置罢官去，还家自休息。朝出与亲辞，暮还在亲侧。弄儿床前戏，看妇机中织。自古圣贤尽贫贱，何况我辈孤且直！

诸君莫叹贫，富贵不由人。丈夫四十强而仕，余当二十弱冠辰，莫言草木委冬雪，会应苏息遇阳春。对酒叙长篇，穷途运命委皇天，但愿樽中九酝满，莫惜床头百个钱。直须优游卒一岁，何劳辛苦事百年。

3. 五味（节选）[②]

山西人真能吃醋！几个山西人在北京下饭馆，坐定之后，还没有点菜，先把醋瓶子拿过来，每人喝了三调羹醋。邻座的客人直瞪眼。有一年我到太原去，快过春节了。别处过春节，都供应一点好酒，太原的油盐店却都贴出一个条子："供应老陈醋，每户一斤。"这在山西人是大事。

山西人还爱吃酸菜，雁北尤甚。什么都拿来酸，除了萝卜白菜，还包括杨树叶子，榆树钱儿。有人来给姑娘说亲，当妈的先问，那家有几口酸菜缸。酸菜缸多，说明家底子厚。

辽宁人爱吃酸菜白肉火锅。

北京人吃羊肉酸菜汤下杂面。

福建人、广西人爱吃酸笋。我和贾平凹在南宁，不爱吃招待所的饭，到外面瞎吃。平凹一进门，就叫："老友面！""老友面"者，酸笋肉丝氽汤下面也，不知道为什么叫做"老友"。

傣族人也爱吃酸。酸笋炖鸡是名菜。

延庆山里夏天爱吃酸饭。把好好的饭焐酸了，用井拔凉水一和，呼呼地就下去了三碗。

都说苏州菜甜，其实苏州菜只是淡，真正甜的是无锡。无锡炒鳝糊放那么多糖！包子的肉馅里也放很多糖，没法吃！

四川夹沙肉用大片肥猪肉夹了洗沙蒸，广西芋头扣肉用大片肥猪肉夹芋泥蒸，都极甜，很好吃，但我最多只能吃两片。

广东人爱吃甜食。昆明金碧路有一家广东人开的甜品店，卖芝麻糊、绿豆沙，广东

[①] 鲍照：《鲍参军集注》，钱仲联增补集说校，上海古籍出版社，1980年，第231页，第243页。
[②] 汪曾祺：《汪曾祺散文》，人民文学出版社，2013年，第167~170页。

同学趋之若鹜。"番薯糖水"即用白薯切块熬的汤，这有什么好喝的呢？广东同学曰："好嘢！"

北方人不是不爱吃甜，只是过去糖难得。我家曾有老保姆，正定乡下人，六十多岁了。她还有个婆婆，八十几了。她有一次要回乡探亲，临行称了二斤白糖，说她的婆婆就爱喝个白糖水。

北京人很保守，过去不知苦瓜为何物，近年有人学会吃了。菜农也有种的了。农贸市场上有很好的苦瓜卖，属于"细菜"，价颇昂。

北京人过去不吃蕹菜，不吃木耳菜，近年也有人爱吃了。

北京人在口味上开放了！

北京人过去就知道吃大白菜。由此可见，大白菜主义是可以被打倒的。

北方人初春吃苣荬菜。苣荬菜分甜荬、苦荬，苦荬相当的苦。

有一个贵州的年轻女演员上我们剧团学戏，她的妈妈远迢迢给她寄来一包东西，是"者耳根"，或名"则尔根"，即鱼腥草。她让我尝了几根。这是什么东西？苦，倒不要紧，它有一股强烈的生鱼腥味，实在招架不了！

剧团有一干部，是写字幕的，有时也管杂务。此人是个吃辣的专家。他每天中午饭不吃菜，吃辣椒下饭。全国各地的、少数民族的，各种辣椒，他都千方百计地弄来吃。剧团到上海演出，他帮助搞伙食，这下好，不会缺辣椒吃。原以为上海辣椒不好买，他下车第二天就找到一家专卖各种辣椒的铺子。上海人有一些是能吃辣的。

我们吃辣是在昆明练出来的，曾跟几个贵州同学在一起用青辣椒在火上烧烧，蘸盐水下酒。平生所吃辣椒之多矣，什么朝天椒、野山椒，都不在话下。我吃过最辣的辣椒是在越南。一九四七年，由越南转道往上海，在海防街头吃牛肉粉。牛肉极嫩，汤极鲜，辣椒极辣，一碗汤粉，放三四丝辣椒就辣得不行。这种辣椒的颜色是橘黄色的。在川北，听说有一种辣椒本身不能吃，用一根线吊在灶上，汤做得了，把辣椒在汤里涮涮，就辣得不得了。云南佧佤族有一种辣椒，叫"涮涮辣"，与川北吊在灶上的辣椒大概不相上下。

四川不能说是最能吃辣的省份，川菜的特点是辣而且麻——搁很多花椒。四川的小面馆的墙壁上黑漆大书三个字：麻辣烫。麻婆豆腐、干煸牛肉丝、棒棒鸡；不放花椒不行。花椒得是川椒，捣碎，菜做好了，最后再放。

周作人说他的家乡整年吃咸极了的咸菜和咸极了的咸鱼。浙东人确是吃得很咸。有个同学，是台州人，到铺子里吃包子，掰开包子就往里倒酱油。口味的咸淡和地域是有关系的。北京人说南甜北咸东辣西酸，大体不错。河北、东北人口重，福建菜多很淡。但这与个人的性格习惯也有关。湖北菜并不咸，但闻一多先生却嫌云南蒙自的菜太淡。

中国人过去对吃盐很讲究，如桃花盐、水晶盐，"吴盐胜雪"，现在则全国都吃再制精盐。只有四川人腌咸菜还坚持用自贡产的井盐。

4. 很好[①]

"很好"这两个字真是挂在我们嘴边儿上的。我们说,"你这个主意很好。""你这篇文章很好。""张三这个人很好。""这东西很好。"人家问,"这件事如此这般的办,你看怎么样?"我们也常常答道,"很好。"有时顺口再加一个,说"很好很好"。或者不说"很好",却说"真好",语气还是一样,这么说,我们不都变成了"好好先生"了么?我们知道"好好先生"不是无辨别的蠢才,便是有城府的乡愿。乡愿和蠢才尽管多,但是谁也不能相信常说"很好","真好"的都是蠢才或乡愿。平常人口头禅的"很好"或"真好",不但不一定"很"好或"真"好,而且不一定"好";这两个语其实只表示所谓"相当的敬意,起码的同情"罢了。

在平常谈话里,敬意和同情似乎比真理重要得多。一个人处处讲真理,事事讲真理,不但知识和能力不许可,而且得成天儿和别人闹别扭;这不是活得不耐烦,简直是没法活下去。自然一个人总该有认真的时候,但在不必认真的时候,大可不必认真;让人家从你嘴边儿上得着一点点敬意和同情,保持彼此间或浓或淡的睦谊,似乎也是在世为人的道理。说"很好"或"真好",所着重的其实不是客观的好评而是主观的好感。用你给听话的一点点好感,换取听话的对你的一点点好感,就是这么回事而已。

你若是专家或者要人,一言九鼎,那自当别论;你不是专家或者要人,说好说坏,一般儿无足重轻,说坏只多数人家背地里议论你嘴坏或脾气坏而已,那又何苦来?就算你是专家或者要人,你也只能认真的批评在你门槛儿里的,世界上没有万能的专家或者要人,那么,你在说门槛儿外的话的时候,还不是和别人一般的无足重轻?还不是得在敬意和同情上着眼?我们成天听着自己的和别人的轻轻儿的快快儿的"很好"或"真好"的声音,大家肚子里反正明白这两个语的分量。若有人希图别人就将自己的这种话当作确切的评语,或者简直将别人的这种话当作自己的确切的评语,那才真是乡愿或蠢才呢。

我说"轻轻儿的","快快儿的",这就是所谓语气。只要那么轻轻儿的快快儿的,你说"好得很","好极了","太好了",都一样,反正不痛不痒的,不过"很好","真好"说着更轻快一些就是了。可是"很"字,"真"字,"好"字,要有一个说得重些慢些,或者整个儿说得重些慢些,分量就不同了。至少你是在表示你喜欢那个主意,那篇文章,那个人,那东西,那办法,等等,即使你还不敢自信你的话就是确切的评语。有时并不说得重些慢些,可是前后加上些字儿,如"很好,咳!""可真好。""我相信张三这个人很好。""你瞧,这东西真好。"也是喜欢的语气。"好极了"等语,都可以如法炮制。

可是你虽然"很"喜欢或者"真"喜欢这个那个,这个那个还未必就"很"好,"真"好,甚至于压根儿就未必"好"。你虽然加重的说了,所给予听话人的,还只是多

[①] 朱自清:《朱自清散文》,人民文学出版社,2013年,第208~211页。

一些的敬意和同情，并不能阐发这个那个的客观的价值。你若是个平常人，这样表示也尽够教听话的满意了。你若是个专家，要人，或者准专家，准要人，你要教听话的满意，还得指点出"好"在那里，或者怎样怎样的"好"。这才是听话的所希望于你们的客观的好评，确切的评语呢。

说"不错"，"不坏"，和"很好"，"真好"一样；说"很不错"，"很不坏"或者"真不错"，"真不坏"，却就是加字儿的"很好"，"真好"了。"好"只一个字，"不错"，"不坏"都是两个字；我们说话，有时长些比短些多带情感，这里正是个例子。"好"加上"很"或"真"才能和"不错"，"不坏"等量，"不错"，"不坏"再加上"很"或"真"，自然就比"很好"，"真好"重了。可是说"不好"却干脆的是不好，没有这么多阴影。像旧小说里常见到的"说声'不好'"和旧戏里常听到的"大事不好了"，可为代表。这里的"不"字还保持着它的独立的价值和否定的全量，不像"不错"，"不坏"的"不"字已经融化在成语里，没有多少劲儿。本来呢，既然有胆量在"好"上来个"不"字，也就无需乎再躲躲闪闪的；至多你在中间夹上一个字儿，说"不很好"，"不大好"，但是听起来还是差不多的。

话说回来，既然不一定"很"好或"真"好，甚至于压根儿就不一定"好"，为什么不沉默呢？不沉默，却偏要说点儿什么，不是无聊的敷衍吗？但是沉默并不是件容易事，你得有那种忍耐的功夫才成。沉默可以是"无意见"，可以是"无所谓"，也可以是"不好"，听话的却顶容易将你的沉默解作"不好"，至少也会觉着你这个人太冷，连嘴边儿上一点点敬意和同情都各惜不给人家。在这种情景之下，你要不是生就的或炼就的冷人，你忍得住不说点儿什么才怪！要说，也无非"很好"，"真好"这一套儿。人生于世，遇着不必认真的时候，乐得多爱点儿，少恨点儿，似乎说不上无聊；敷衍得别有用心才是的，随口说两句无足重轻的好听的话，似乎也还说不上。

我屡次说到听话的。听话的人的情感的反应，说话的当然是关心的。谁也不乐意看尴尬的脸是不是？廉价的敬意和同情却可以遮住人家尴尬的脸，利他的原来也是利己的；一石头打两鸟儿，在平常的情形之下，又何乐而不为呢？世上固然有些事是当面的容易，可也有些事儿是当面的难。就说评论好坏，背后就比当面自由些。这不是说背后就可以放冷箭说人家坏话。一个人自己有身分，旁边有听话的，自爱的人那能干这个！这只是说在人家背后，顾忌可以少些，敬意和同情也许有用不着的时候。虽然这时候听话的中间也许还有那个人的亲戚朋友，但是究竟隔了一层；你说声"不很好"或"不大好"，大约还不至于见着尴尬的脸的。当了面就不成。当本人的面说他这个那个"不好"，固然不成，当许多人的面说他这个那个"不好"，更不成。当许多人的面说他们都"不好"，那简直是以寡敌众；只有当许多人的面泛指其中一些人这点那点"不好"，也许还马虎得过去。所以平常的评论，当了面大概总是用"很好"，"真好"的多。——背后也说"很好"，"真好"，那一定说得重些慢些。

可是既然未必"很"好或者"真"好，甚至于压根儿就未必"好"，说一个"好"还不成么？为什么必得加上"很"或"真"呢？本来我们回答"好不好？"或者"你看怎么样？"等问题，也常常只说个"好"就行了。但是只在答话里能够这么办，别的句子里可不成。一个原因是我国语言的惯例。单独的形容词或形容语用作句子的述语，往往是比较级的。如说"这朵花红","这花朵素净","这朵花好看",实在是"这朵花比别的花红","这朵花比别的花素净","这朵花比别的花好看"的意思。说"你这个主意好","你这篇文章好","张三这个人好","这东西好",也是"比别的好"的意思。另一个原因是"好"这个词的惯例。句里单用一个"好"字,有时实在是"不好"。如厉声指点着说"你好!"或者摇头笑着说,"张三好,现在竟不理我了。""他们这帮人好,竟不理这个碴儿了。"因为这些,要表示那一点点敬意和同情的时候,就不得不重话轻说,借用到"很好"或"真好"两个语了。

5. 我的世界观[①]

我们这些终有一死之人的命运是多么奇特啊!在这个世上,每个人都是匆匆过客;目的何在,他并不知晓,尽管有时自认为感觉得到。但不必深思,从日常生活就可以知道,人是为他人而活着的——首先是为这样一些人,我们的幸福完全依赖于他们的快乐与健康;还为许多素不相识之人,同情的纽带将其命运与我们紧密相连。我每天无数次地提醒自己:我的精神生活和物质生活都依赖于他人的劳动,无论他们去世还是健在,我必须尽力以同等程度回报我已经领受和正在领受的东西。我强烈向往俭朴的生活,并时常为发觉自己占用了同胞们过多的劳动而心情沉重。我认为阶级的区分是不合理的,它最终以暴力为根据。我也相信,无论在身体上还是精神上,简单纯朴的生活对每个人都是有益的。

我完全不相信人会有哲学意义上的自由。每一个人的行为不仅受到外界的强迫,还要符合内在的必然。叔本华说:"人能做其所意愿,但不能意愿其所意愿。"从青年时代起,这句话就一直激励着我;当我面对生活的困境时,它总能给我慰藉,并且永远是宽容的源泉。这种认识可以减轻那种容易使人气馁的责任感,防止我们太过严肃地对待自己和他人,而且有助于建立一种幽默在其中有着特殊地位的人生观。

客观地讲,要探究一个人自身或所有生物存在的意义或目的,我总觉得是荒唐可笑的。不过,每个人都有一些理想作为他努力和判断的指南。在这个意义上,我从不把安逸和享乐看成目的本身(我把这种伦理基础称为猪栏的理想)。照亮我道路的理想是善、美和真,它们不断给我以新的勇气去愉快地面对生活。倘若没有对志同道合者的亲切感,倘若不是全神贯注于客观世界,那个在艺术和科学研究领域永远达不到的对象,在我看来生活便是空虚的。人们努力追求的庸俗目标——财产、虚名、奢侈——我总觉得是可鄙的。

对于社会正义和社会责任,我有着强烈的感受,但对于直接接触他人和社会,我又表现出明显的淡漠,二者之间总是形成古怪的对照。我实在是一个"孤独的过客",从未全心全意地属于我的国家、我的家庭、我的朋友,甚至是我的直系亲人;在所有这些关系面前,我从未失去一种疏离感和保持孤独的需要,而且这种感受正与日俱增。人会

[①] 阿尔伯特·爱因斯坦:《我的世界观》,张卜天译,商务印书馆,2018年,第3～7页。

清楚地发觉，与别人的相互理解和协调一致是有限度的，但这并不足惜。这样的人无疑会失去一些天真无邪和无忧无虑，但也因此能在很大程度上不为别人的意见、习惯和判断所左右，并且不去尝试把他内心的平衡建立在这样一些不可靠的基础之上。

我的政治理想是民主。每个人都应当作为人而受到尊重，不要把任何人当作偶像来崇拜。我一直受到别人过分的赞扬和尊敬，这不是我的过错或功劳，而实在是命运的嘲弄。这大概源于许多人无法实现的一种愿望，他们想理解我以自己的绵薄之力通过不懈努力所获得的几个观念。我清楚地知道，一个组织要想实现它的目标，必须有一个人去思考、去指挥，并且全面担负起责任。但被领导的人绝不能受到强迫，他们必须能够选择自己的领袖。在我看来，强迫性的独裁专制很快就会腐化堕落，因为暴力总是会吸引来一些品德低劣之人。我相信，天才的暴君总是由恶棍来继承，这是一条亘古不变的规律。因此，我总是强烈反对当今意大利和俄国的那些制度。今天欧洲的民主形式之所以受到质疑，不能归咎于民主原则本身，而是由于政府缺乏稳定性以及选举制度中人性考虑不足所造成的。在这方面，我相信美国已经找到了正确的道路。他们选出的总统任期足够长，有充分的权力来真正履行职责。而在德国的政治制度中，我所看重的是，它为救助病人或贫困的人作了广泛规定。在丰富多彩的人类生活中，我认为真正可贵的不是政治上的国家，而是有创造性和情感的个人，是人格；只有个人才能创造出高贵和崇高的东西，而民众本身在思想和感觉上总是迟钝的。

接着这个话题，我要谈谈民众生活中一种最坏的表现，那就是我所憎恶的军事制度。一个人能以随着军乐旋律在队列中行进为乐，单凭这一点就足以让我鄙视他。他长了大脑只是出于误会，单凭脊髓就足以满足他的需要了。文明的这个罪恶之源应当尽快铲除。由命令而产生的英雄主义，毫无意义的暴行，打着爱国主义的旗号所进行的一切令人作呕的胡闹，所有这些都令我深恶痛绝。在我看来，战争是多么邪恶、卑鄙！我宁愿被千刀万剐，也不愿参与这种可憎的勾当。无论如何，我对人类的评价还是很高的。我相信，若不是那些通过学校教育和报刊媒体而起作用的商业与政治利益系统地破坏了人们的健康感受，战争这个恶魔早就消失不见了。

我们所能拥有的最美好的体验是神秘体验。这种基本情感是真正的艺术与科学的策源地。谁要是不了解它，不再有好奇心和惊异感，谁就无异于行尸走肉，其视线是模糊不清的。正是这种对神秘的体验——即使夹杂着恐惧——产生了宗教。我们认识到有某种无法参透的东西存在着，感受到只能以最原始的形式为我们的心灵所把握的最深奥的理性和最灿烂的美——正是这种认识和这种情感构成了真正的宗教性；在这个意义上，也仅仅是在这个意义上，我才是一个笃信宗教的人。我无法想象神会对自己的造物加以赏罚，也无法想象他会有我们亲身体验到的那样一种意志。我不能也不愿去想象一个人在肉体死亡之后还会继续活着；让那些脆弱的灵魂，出于恐惧或者可笑的唯我论，去拿这些思想当宝贝吧！我满足于生命永恒的奥秘，满足于知晓和窥探现有世界的神奇结构，能以诚挚的努力去领悟显示于自然之中的那个理性的一部分，哪怕只是极小一部分，我也就心满意足了。

第七单元

1. 杜甫诗选[①]

《兵车行》

车辚辚，马萧萧，行人弓箭各在腰。耶娘妻子走相送，尘埃不见咸阳桥。牵衣顿足拦道哭，哭声直上干云霄。道旁过者问行人，行人但云："点行频。或从十五北防河，便至四十西营田。去时里正与裹头，归来头白还戍边。边庭流血成海水，武皇开边意未已。君不闻汉家山东二百州，千村万落生荆杞。纵有健妇把锄犁，禾生陇亩无东西。况复秦兵耐苦战，被驱不异犬与鸡。长者虽有问，役夫敢申恨？且如今年冬，未休关西卒。县官急索租，租税从何出？信知生男恶，反是生女好，生女犹得嫁比邻，生男埋没随百草。君不见青海头，古来白骨无人收，新鬼烦冤旧鬼哭，天阴雨湿声啾啾！"

《新婚别》

兔丝附蓬麻，引蔓故不长。嫁女与征夫，不如弃路旁。
结发为君妻，席不暖君床。暮婚晨告别，无乃太匆忙。
君行虽不远，守边赴河阳。妾身未分明，何以拜姑嫜？
父母养我时，日夜令我藏。生女有所归，鸡狗亦得将。
君今往死地，沉痛迫中肠。誓欲随君去，形势反苍黄。
勿为新婚念，努力事戎行。妇人在军中，兵气恐不扬。
自嗟贫家女，久致罗襦裳。罗襦不复施，对君洗红妆。
仰视百鸟飞，大小必双翔。人事多错迕，与君永相望。

2. 张中丞传后叙[②]

元和二年四月十三日夜，愈与吴郡张籍阅家中旧书，得李翰所为张巡传。翰以文章

[①] 山东大学中文系古典文学教研室选注：《杜甫诗选》，袁世硕等修订，人民文学出版社，2020年，第24页，第141页。

[②] 韩愈：《韩昌黎文集校注》，马其昶校注，马茂元整理，上海古籍出版社，1986年，第73~78页。

自名，为此传颇详密，然尚恨有阙者：不为许远立传，又不载雷万春事首尾。

远虽材若不及巡者，开门纳巡，位本在巡上，授之柄而处其下，无所疑忌，竟与巡俱守死、成功名；城陷而虏，与巡死先后异耳。两家子弟材智下，不能通知二父志，以为巡死而远就虏，疑畏死而辞服于贼。远诚畏死，何苦守尺寸之地，食其所爱之肉，以与贼抗而不降乎？当其围守时，外无蚍蜉蚁子之援，所欲忠者，国与主耳；而贼语以国亡主灭，远见救援不至，而贼来益众，必以其言为信。外无待而犹死守，人相食且尽，虽愚人亦能数日而知死处矣，远之不畏死亦明矣！乌有城坏其徒俱死，独蒙愧耻求活，虽至愚者不忍为；呜呼！而谓远之贤而为之邪？

说者又谓远与巡分城而守，城之陷，自远所分始。以此诟远，此又与儿童之见无异。人之将死，其藏腑必有先受其病者；引绳而绝之，其绝必有处：观者见其然，从而尤之，其亦不达于理矣。小人之好议论，不乐成人之美，如是哉！如巡远之所成就，如此卓卓，犹不得免，其他则又何说！

当二公之初守也，宁能知人之卒不救，弃城而逆遁？苟此不能守，虽避之他处何益；及其无救而且穷也，将其创残饿羸之余，虽欲去必不达。二公之贤，其讲之精矣。守一城捍天下，以千百就尽之卒，战百万日滋之师，蔽遮江淮，沮遏其势，天下之不亡，其谁之功也！当是时，弃城而图存者，不可一二数；擅强兵坐而观者，相环也；不追议此，而责二公以死守，亦见其自比于逆乱，设淫辞而助之攻也！

愈尝从事于汴徐二府，屡道于两府间，亲祭于其所谓双庙者；其老人往往说巡远时事，云：南霁云之乞救于贺兰也，贺兰嫉巡远之声威功绩出己上，不肯出师救。爱霁云之勇且壮，不听其语，强留之，具食与乐，延霁云坐。霁云慷慨语曰："云来时，睢阳之人不食月余日矣！云虽欲独食，义不忍；虽食，且不下咽。"因拔所佩刀，断一指，血淋漓，以示贺兰。一座大惊，皆感激为云泣下。云知贺兰终无为云出师意，即驰去，将出城，抽矢射佛寺浮图，矢著其上砖半箭，曰："吾归破贼，必灭贺兰，此矢所以志也！"愈贞元中过泗州，船上人犹指以相语。城陷，贼以刃胁降巡，巡不屈，即牵去，将斩之；又降霁云，云未应，巡呼云曰："南八，男儿死耳，不可为不义屈！"云笑曰："欲将以有为也。公有言，云敢不死。"即不屈。

张籍曰：有于嵩者，少依于巡。及巡起事，嵩常在围中。籍大历中于和州乌江县见嵩，嵩时年六十余矣。以巡初尝得临涣县尉，好学无所不读。籍时尚小，粗问巡远事，不能细也。云：巡长七尺余，须髯若神。尝见嵩读汉书，谓嵩曰："何为久读此？"嵩曰："未熟也。"巡曰："吾于书读不过三遍，终身不忘也。"因诵嵩所读书，尽卷不错一字。嵩惊，以为巡偶熟此卷，因乱抽他帙以试，无不尽然。嵩又取架上诸书试以问巡，巡应口诵无疑。嵩从巡久，亦不见巡常读书也。为文章，操纸笔立书，未尝起草。初守睢阳时，士卒仅万人，城中居人户亦且数万，巡因一见问姓名，其后无不识者。巡怒，须髯辄张。及城陷，贼缚巡等数十人坐，且将戮，巡起旋，其众见巡起，或起或泣，巡曰："汝勿怖！死，命也。"众泣不能仰视。巡就戮时，颜色不乱，阳阳如平常。远宽厚长者，貌如其心，与巡同年生，月日后于巡，呼巡为兄，死时年四十九。"嵩贞元初死于亳宋间。或传嵩有田在亳宋间，武人夺而有之，嵩将诣州讼理，为所杀。嵩无子。张籍云。

3. 送孩子去上学深造[①]

（一）

那年冬天，祖母死了，朱自清和父亲回家奔丧。办完丧事，父亲要到南京谋事，他要回北平念书。他们在南京分手。父亲送他到车站，给他拣定一张椅子，用紫毛大衣铺好坐位，嘱托茶房好好照应他，还要穿过铁道到那边月台给他买橘子，将橘子一股脑儿放在他的皮大衣上，扑扑衣上的泥土，说："我走了；到那边来信！"走了几步又回过头看见他，说："进去吧，里边没人。"朱自清在《背影》里说："等他的背影混入来来往往的人里，再也找不着了，我便进来坐下，我的眼泪又来了。"

那是中国现代文学殿堂上描写亲情别绪的名篇。

（二）

杨振宁获取了留美公费，一九四五年八月二十八日离家飞往印度转去美国。他在《二十一世纪双月刊》九七年十一月号里的《父亲和我》说到那天的情景：

> 我还记得1945年8月28日那天我离家即将飞往印度转去美国的细节：清早父亲只身陪我自昆明西北角乘黄包车到东南郊拓东路等候去巫家坝飞机场的公共汽车。离家的时候，四个弟妹都依依不舍，母亲却很镇定，记得她没有流泪。到了拓东路父亲讲了些勉励的话，两人都很镇定。话别后我坐进很拥挤的公共汽车，起先还能从车窗往外看见父亲向我招手，几分钟后他即被拥挤的人群挤到远处去了。车中同去美国的同学很多，谈起话来，我的注意力即转移到飞行路线与气候变化等问题上去。等了一个多钟头，车始终没有发动。突然我旁边的一位美国人向我做手势，要我向窗外看：骤然间发现父亲原来还在那里等！他瘦削的身材，穿着长袍，额前头发已显斑白。看见他满面焦虑的样子，我忍了一早晨的热泪，一时崩发，不能自已。

（三）

同样是亲情，同样是别绪，《背影》营造的是文学环境中的文学景象：紫毛大衣、茶房、月台、橘子、"我走了；到那边来信！"以及"进去吧，里边没人。"《父亲和我》展示的是科学氛围中的科学寓意：巫家坝机场、公共汽车、飞行路线、气候变化、美国人的手势，虽然两位父亲的衣着都同样是中国的：一个戴着黑布小帽，穿着黑布大马

[①] 董桥：《英华沉浮录 2》，海豚出版社，2013年，第312~315页。

褂，深青布棉袍；一个穿着长袍；一个身子肥胖；一个身材瘦削。朱自清的父亲老境颓唐，给儿子的信带着中国文人典型的悲情："膀子疼痛利害，举箸提笔，诸多不便，大约大去之期不远矣。"杨振宁的父亲是留美的科学家，大学教授，传授给儿子的是无数的西学新知，跟儿子讨论 set theory、不同的无限大、The Continuum Hypothesis 等观念。

从朱自清到杨振宁，中国经历了无数的忧患。荷塘月色下的叮咛温暖了旧文化的沧桑心田；史坦福大学中国同学会小洋楼的木箱里珍藏着西学为用的脐带。"国家的诞生好比婴儿的诞生，只是会有更多的困难，会有更大的痛苦"，杨振宁说。到了今天，中西文化的冲击还在震撼着中国人的心灵。但愿政治开明，教育开明，无数的朱自清和杨振宁的父亲都在送孩子出去上学深造，到北京，到美国，到世界上任何一个知识的堂奥。

4.《歌德与中国》序[①]

最近几年，杨武能同志专门从事于中德文化关系的研究，卓有成绩。现在又写成了一部《歌德与中国》，真可以说是更上一层楼了。

我个人觉得，这样一本书，无论是对中国读者，还是对德国读者，都是非常有意义的。它都能起到发聋振聩的作用。一个民族，一个人也一样，了解自己是非常不容易的。中国这样一个伟大的民族也不例外。在鸦片战争以前，我们根本不了解自己，也不了解世界大势，昏昏然，懵懵然，盲目狂妄自大，以天朝大国自居，夜郎之君、井底之蛙，不过如此。现在读一读当时中国皇帝写给欧洲一些国家的君主的所谓诏书，那种口吻、那种气派，真令人啼笑皆非，不禁脸上发烧。

鸦片战争中国的统治者碰得头破血流，在殖民主义者面前节节败退，中国人最重视的所谓"面子"，丢得一干二净。他们于是来了一个一百八十度的大转变，一变而向"洋鬼子"低首下心，奴颜婢膝，甚至摇尾乞怜。上行下效，老百姓也受了影响，流风所及，至今尚余音袅袅，不绝如缕。鲁迅先生发出了"中国人失掉自信了吗？"的慨叹，良有以也。

怎样来改变这种情况呢？端在启蒙。应该让中国人民从上到下都能真正了解自己，了解历史，了解世界大势，真正了解我们民族的过去和现在，看待一切问题，都要有历史眼光。中国人民在世界人民心目中的地位，并不总是像解放前一百年来那个样子的。我个人认为，鸦片战争是一个转折点。在这之前，西方人看待中国同那以后是根本不同的。在那以前，西方人认为中国是智慧之国、文化之邦，中国的一切都是美好的，令人神往的。从17—18世纪欧洲一些伟大的哲人的著作中，可以清清楚楚地看到这一点。从德国最伟大的诗人歌德的著作中，也可以清清楚楚地看到这一点。杨武能同志在本书

[①] 季羡林：《季羡林全集 第6卷，序跋》，《季羡林全集》编辑出版委员会编，外语教学与研究出版社，2009年，第132~134页。

中详尽地介绍了这种情况。

这充分告诉我们,特别是今天的年轻人,看待自己要有全面观点、历史观点、辩证观点。盲目自大,为我们所不取;盲目地妄自菲薄,也决不是正当的。我们今天讲开放,是完全正确的。但是,我们对西方的东西应该有鉴别的能力,应该能够分清玉石与土块、鲜花与莠草,不能一时冲动,大喊什么"全盘西化",认为西方什么东西都是好的。西方有好东西,我们必须学习。但是,一切闪光的东西不都是金子。难道西方所有的东西,包括可口可乐、牛仔裤之类,都是好得不能再好、不可须臾离开的东西吗?过去流行一时的喇叭裤现在到哪里去了呢?我们今天的所思、所感、所作、所为应该能经得起历史的考验。千万不要重蹈覆辙,在若干年以后,回头再看今天觉得滑稽可笑。我在这里大胆地说出一个预言:到了2050年我国达到小康水平时,回顾今天,一定会觉得今天有一些措施不够慎重,是在一时冲动之下采取的。我自己当然活不到2050年,但愿我的预言不会实现。

这一本书对德国以及西方其他国家的读者怎样呢?我认为也同样能起发聋振聩的作用。有一些德国人——不是全体——看待旧中国,难免有意无意地戴上殖民主义的眼镜。总觉得中国落后,这也不行,那也不好,好像是中国一向如此,而且将来也永远如此。现在看一看他们最伟大的诗人是怎样对待中国的,怎样对待中国文化和文学艺术的,会促使他们反思,从而学会用历史眼光看待中国,看待一切。这样就能大大地增强中德的互相了解和友谊。这一点是可以断言的。

基于上面的看法,我说,杨武能同志这一本书是非常有意义的。难道不是这样吗?是为序。

5. 河之歌[①]

沿着河流一路都可以听到这歌声。这是桨手的歌声,响亮有力。他们奋力地划着木船,顺急流而下,船尾翘得老高,桅杆猛烈地摆动。这是纤夫的号子声,他们在拼尽全力逆流拉船时,声音会更加急促,让人透不过气来。如果拉的是乌篷船,那可能有十几个人;如果拉的是扬着横帆的华丽大木船过急流,那就得有几百人。船中央站着一个汉子不停地击鼓,给他们助威,让他们使劲。于是纤夫们使出浑身气力,就像被魔咒驱使般,腰弯成了九十度。有时在极度费力的情况下,他们就全身趴地匍匐前进,像地里的牲口。顶着河水无情的阻力,他们拉呀,拉呀,拼命地拉。领头的在队伍前后来回奔走,看到有人没有拼尽全力,就用劈开的竹条抽打他们裸露的脊梁。每个人都必须全力以赴,否则所有的努力就白费了。就这样他们还唱着激昂又热切的号子,这是汹涌澎湃的河水的号子。我不知道如何用言语来描述这股劲儿,这里面带着心脏的拉扯,肌肉的撕裂,还有人们克服无情大自然时所表现出的不屈不挠的精神。虽然绳子可能断开,大船可能又会被荡回,但他们最终能涉过湍流,在疲惫的一天结束后,热闹地吃上一顿饱

[①] 《西南联大英文课 有声珍藏版:英、汉》,陈福田编,罗选民等译,中译出版社,2019年,第25~26页。

饭，也许还可以抽一枪鸦片，舒服地幻想一番。然而最令人揪心的是岸上的苦力唱的歌，他们得背着从船上卸下的大包，沿着陡峭的台阶，一直走到城墙那里。他们不停地上上下下，伴随着无尽的劳役响起有节奏的呐喊：嘿，哟——嗨，哟。他们赤着脚，光着膀子，汗水顺着脸颊直流。歌声里渗透着痛苦的呻吟。这是一种绝望的叹息，撕心裂肺，惨绝人寰。这是灵魂在极度痛苦中的呐喊，只不过带着音乐的节奏罢了。那最后的音符是对人性的终极哭诉。生活太难，太残酷，这是最后的绝望的反抗。那就是河之歌。

第八单元

第八单元

1. 后赤壁赋[①]

是岁十月之望,步自雪堂,将归于临皋。二客从予,过黄泥之坂。霜露既降,木叶尽脱,人影在地,仰见明月。顾而乐之,行歌相答。已而叹曰:"有客无酒,有酒无肴,月白风清,如此良夜何?"客曰:"今者薄暮,举网得鱼,巨口细鳞,状似松江之鲈,顾安所得酒乎?"归而谋诸妇。妇曰:"我有斗酒,藏之久矣,以待子不时之须。"于是携酒与鱼,复游于赤壁之下。江流有声,断岸千尺,山高月小,水落石出。曾日月之几何,而江山不可复识矣。予乃摄衣而上,履巉岩,披蒙茸,踞虎豹,登虬龙。攀栖鹘之危巢,俯冯夷之幽宫。盖二客不能从焉。划然长啸,草木震动,山鸣谷应,风起水涌。

予亦悄然而悲,肃然而恐,凛乎其不可久留也。反而登舟,放乎中流,听其所止而休焉。时夜将半,四顾寂寥,适有孤鹤,横江东来,翅如车轮,玄裳缟衣,戛然长鸣,掠予舟而西也。须臾客去,予亦就睡。梦一道士,羽衣蹁跹,过临皋之下,揖予而言曰:"赤壁之游乐乎?"问其姓名,俯而不答。呜呼噫嘻,我知之矣。畴昔之夜,飞鸣而过我者,非子也耶?道士顾笑,予亦惊悟。开户视之,不见其处。

2. 伶官传序[②]

呜呼,盛衰之理,虽曰天命,岂非人事哉!原庄宗之所以得天下,与其所以失之者,可以知之矣。

世言晋王之将终也,以三矢赐庄宗而告之曰:"梁,吾仇也;燕王吾所立,契丹与吾约为兄弟,而皆背晋以归梁。此三者,吾遗恨也。与尔三矢,尔其无忘乃父之志。"庄宗受而藏之于庙。其后用兵,则遣从事以一少牢告庙,请其矢,盛以锦囊,负而前驱,及凯旋而纳之。方其系燕父子以组,函梁君臣之首,入于太庙,还矢先王而告以成功,其意气之盛,可谓壮哉!及仇雠已灭,天下已定,一夫夜呼,乱者四应,苍皇东出,未及见贼,而士卒离散,君臣相顾,不知所归。至于誓天断发,泣下沾襟,何其衰

[①] 《苏轼文集 2》,王新龙编著,中国戏剧出版社,2009年,第101~102页。
[②] 黄进德撰:《欧阳修诗词文选评》,上海古籍出版社,2004年,第114~115页。

也！岂得之难而失之易欤？抑本其成败之迹而皆自于人欤？

《书》曰："满招损，谦得益。"忧劳可以兴国，逸豫可以亡身，自然之理也。故方其盛也，举天下之豪杰莫能与之争；及其衰也，数十伶人困之而身死国灭，为天下笑。夫祸患常积于忽微，而智勇多困于所溺，岂独伶人也哉！作《伶官传》。

3. 儒家的根本精神①

一个民族的文化，必有其根本精神，否则这个民族便无法存在和延续。中国民族，两千多年以来，虽然经过许多文化上的变迁，但大体上是以儒家的精神为主。所以，中国民族的根本精神，便是儒家的根本精神。

儒家的根本精神，只有一个字，那就是"仁"。《说文解字》说："仁，相人偶也。从二人。"这个字在西周和春秋初年，还没人特别提出来当作为学做人的标目。到了孔子，才提出来教弟子。所以《论语》一部书里，弟子问仁的话特别多，孔子许多不同的答话，对仁的义蕴，也发挥得最透彻。仁就是孔子的全人格，两千多年以来，中国民族共同的蕲向，也便是这仁的实践。

《论语》里记孔子论仁的话，最简单扼要的莫如答颜渊的一句："克己复礼为仁。"克己就是克去一己之私，复礼就是恢复天理之公。因为人性本善，人格本全，只为一己的私欲所蔽，陷于偏小而不自知，便有许多恶行出现。有志好学之士，欲求恢复此本有之仁，便须时时刻刻做克己复礼的功夫。及至己私克尽，天理流行，自己的本然，也就是人心之所同然，自己的全体大用，也就是宇宙的全体大用。则天下不期同而自同，不期合而自合，所以说："一日克己复礼，天下归仁焉，为仁由己，而由人乎哉！"

但这为仁的功夫，只在日常的视听言动之中，并非在生活之外，别有所事。所以颜渊请问其目，孔子答他："非礼勿视，非礼勿听，非礼勿言，非礼勿动。"因为"闲邪存诚"，是克己的根本功夫；学而时习之，也便是实习此事。到了大段纯熟绵密，便可以"无终食之间违仁，造次必于是，颠沛必于是"，达于君子的境界了。颜渊在孔门是最纯粹的，所以孔子称赞他："好学，不迁怒，不贰过。""其心三月不违仁。""吾见其进，未见其止。"其实颜渊的得力处，只是让一息不懈地做收敛向里的功夫。这才真是"学问之道无他，求其放心而已矣"了。

克己的功夫，第一在寡欲，《孟子》"养心莫善于寡欲"一章，说得最亲切。因为一切的欲，都是由躯壳起念。心为物累，便会沾滞私小，计较打量，患得患失，无所不至，毁坏了自强不息的刚健之德。所以孔子批评申枨，说："枨也欲，焉得刚？"又说："刚毅木讷近仁。"盖不为物累，便能洒脱摆落，活泼新鲜，使生命成为天理之流行，与宇宙同其悠久。所以曾子说："士不可以不弘毅，任重而道远，仁以为己任，不亦重乎？死而后已，不亦远乎？"

能克去外诱之私，便能深根宁极，卓尔有立，所以木有似于仁。孔子称赞颜渊，

---

① 汤用彤等：《西南联大国学课》，天地出版社，2022年，第3～6页。

说:"吾与回言终日,不违如愚;退而省其私,亦足以发,回也不愚。"盖心不外驰,自然有此气象。孔子和左丘明都是讨厌"巧言令色足恭"的,就因为他"鲜仁",所以仁者必讷。司马牛问仁,子曰:"仁者其言也。"曰:"其言也,斯谓之仁矣乎?"子曰:"为之难,言之得无乎?"因为仁是由力行得来的,所谓先难而后获,所以君子"先行其言,而后从之",到此才知一切言语,都是浮华了。

克己的最后境界是无我。《论语》说:"子绝四:毋意,毋必,毋固,毋我。"意是揣量,必是武断,固是固执,都是意识所行境界中的妄念,因为私欲作主,便尔执持不舍,攀缘转深,把一个活泼无碍的生命,弄得触处成障,而其总根源都由于有我。因为我是因人而有的,人我对立,便是自己浑全之体的割裂,缩小,割裂缩小,便是不仁。所以克己不但要克去外诱之私,而且要克去意念的妄执;不但要克去意念的妄执,而且要克去人我共起的分别见。到了用力之久,而一旦豁然贯通,则大用现前,人我双泯,体用不二,天理流行,这才真是复礼,真是得仁了。

孟子教人在怵惕恻隐之发见处识仁,因为仁以感为体,他是寂然不动、感而遂通的。寂然不动便是静虚,感而遂通便是动直。内外无隔,有感斯应,如水就下,如箭在弦,所以仁者必有勇,仁者必敏。静虚之极至于无我,则死生得失不介于怀。动直之极至于自他不二,则不达于得仁不止。所以君子无求生以害仁,有杀身以成仁,是极从容自然的事。到此境界,只有内省不疚,是唯一大事,此外都无忧惧,心境自然坦荡平愉了。

无忧无惧,便是知命乐天,孔、颜乐处在此。到此境界,岂但富贵不能淫,贫贱不能移,威武不能屈;直是素位而行,无人而不自得,圣人之从容中道盖如此。然究其极,亦只是做到了尽心率性,并非于人生本分外有所增加,极高明亦不过道中庸而已。

这便是儒家的根本精神。我民族二千年来涵濡于这精神之中,养成了一种大国民的风度。那便是寡欲知足、自强不息、爱人如己、敏事慎言的美德。我民族所以出生入死,百折不回,屹然立于不败之地,全靠了这一副哲人精神为其自信力。发扬这一种精神,便成为全人类共同的信念,是我民族的责任,应该当仁不让的。

4.《人间词话》定稿(六十四则)(节选)[①]

一

词以境界为最上。有境界则自成高格,自有名句。五代北宋之词所以独绝者在此。

[①] 王国维:《人间词话》,中国人民大学出版社,2010年,第1页,第2页,第3页,第5~6页,第6页,第8页,第8页,第8页,第10页,第12页,第12~13页,第13页。

二

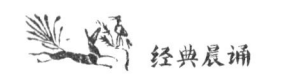

有造境，有写境，此理想与写实二派之所由分。然二者颇难分别，因大诗人所造之境，必合乎自然，所写之境，亦必邻于理想故也。

三

有有我之境，有无我之境。"泪眼问花花不语，乱红飞过秋千去。""可堪孤馆闭春寒，杜鹃声里斜阳暮。"有我之境也。"采菊东篱下，悠然见南山。""寒波澹澹起，白鸟悠悠下。"无我之境也。有我之境，以我观物，故物皆著我之色彩。无我之境，以物观物，故不知何者为我，何者为物。古人为词，写有我之境者为多，然未始不能写无我之境，此在豪杰之士能自树立耳。

四

无我之境，人惟于静中得之。有我之境，于由动之静时得之。故一优美，一宏壮也。

五

自然中之物，互相关系，互相限制。然其写之于文学及美术中也，必遗其关系、限制之处。故虽写实家，亦理想家也。又虽如何虚构之境，其材料必求之于自然，而其构造，亦必从自然之法律。故虽理想家，亦写实家也。

六

境非独谓景物也，喜怒哀乐，亦人心中之一境界。故能写真景物、真感情者，谓之有境界。否则谓之无境界。

十六

词人者，不失其赤子之心者也。故生于深宫之中，长于妇人之手，是后主为人君所短处，亦即为词人所长处。

十七

客观之诗人，不可不多阅世。阅世愈深，则材料愈丰富，愈变化，《水浒传》、《红楼梦》之作者是也。主观之诗人，不必多阅世。阅世愈浅，则性情愈真，李后主是也。

二十四

《诗·蒹葭》一篇，最得风人深致。晏同叔之"昨夜西风凋碧树。独上高楼，望尽天涯路"，意颇近之。但一洒落，一悲壮耳。

二十五

"我瞻四方，蹙蹙靡所骋。"诗人之忧生也。"昨夜西风凋碧树。独上高楼，望尽天涯路"似之。"终日驰车走，不见所问津。"诗人之忧世也。"百草千花寒食路，香车系在谁家树"似之。

二十六

古今之成大事业、大学问者，必经过三种之境界："昨夜西风凋碧树。独上高楼，望尽天涯路。"此第一境也。"衣带渐宽终不悔，为伊消得人憔悴。"此第二境也。"众里寻他千百度，回头蓦见（当作"蓦然回首"），那人正（当作"却"）在灯火阑珊处。"此第三境也。此等语皆非大词人不能道。然遽以此意解释诸词，恐为晏、欧诸公所不许也。

三十四

词忌用替代字。美成《解语花》之"桂华流瓦"，境界极妙。惜以"桂华"二字代"月"耳。梦窗以下，则用代字更多。其所以然者，非意不足，则语不妙也。盖意足则不暇代，语妙则不必代。此少游之"小楼连苑"、"绣毂雕鞍"所以为东坡所讥也。

三十九

白石写景之作，如"二十四桥仍在，波心荡、冷月无声"，"数峰清苦，商略黄昏雨"，"高树晚蝉，说西风消息"，虽格韵高绝，然如雾里看花，终隔一层。梅溪、梦窗诸家写景之病，皆在一"隔"字。北宋风流，渡江遂绝，抑真有运会存乎其间耶？

四十

问"隔"与"不隔"之别，曰：陶、谢之诗不隔，延年则稍隔矣。东坡之诗不隔，山谷则稍隔矣。"池塘生春草"、"空梁落燕泥"等二句，妙处唯在不隔。词亦如是。即以一人一词论。如欧阳公《少年游》咏春草上半阕云："阑干十二独凭春，晴碧远连云，千里万里，二月三月，（此两句原倒置）行色苦愁人。"语语都在目前，便是不隔。至云："谢家池上，江淹浦畔。"则隔矣。白石《翠楼吟》："此地。宜有词仙，拥素云黄鹤，与君游戏。玉梯凝望久，叹芳草、萋萋千里。"便是不隔。至"酒被清愁，花消英气"，则隔矣。然南宋词虽不隔处，比之前人，自有浅深厚薄之别。

四十一

"生年不满百，常怀千岁忧。昼短苦夜长，何不秉烛游？""服食求神仙，多为药所误。不如饮美酒，被服纨与素。"写情如此，方为不隔。"采菊东篱下，悠然见南山。山气日夕佳，飞鸟相与还。""天似穹庐，笼盖四野。天苍苍，野茫茫，风吹草低见牛羊。"

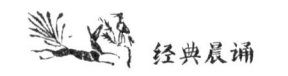

写景如此，方为不隔。

5. 蛋糕[①]

为了不让人发现她的真实姓名，我们姑且叫她昂塞尔夫人吧。

她是身后拖着光尾的那些巴黎彗星中的一颗。她做诗写小说，有一颗富于诗意的心，而且美得让人心醉神迷。她很少接待人，除了那些出类拔萃的人物，也就是人们通常所谓的某某方面的泰斗。曾是她的座上客，变成一种尊称，一种真正智者的尊称；至少人们对于受到她的邀请是这么看重的。

她丈夫扮演的却是一颗暗淡的卫星的角色。做一个明星的配偶绝不是一件轻松的事；可是这一位想出了一个高招儿，就是创建一个国中之国，以便拥有他自己的价值，当然啰，是次要的价值。总之，他的妙法是，每逢他妻子招待客人的日子，他也接待朋友；这样他就有了专属于他的群众，这些人赞赏他，倾听他的高谈阔论，对他的注重程度比他光辉夺目的伴侣犹有过之。

他献身于农业，不过是办公室里的农业。这不值得大惊小怪，还有办公室里的将军哩，——那些坐在国防部圆形皮座椅上一直到死的人，不就是这种人吗？——还有办公室里的海军哩，到海军部去就能看到，——此外还有办公室里的殖民者，等等，等等。这里是说他研究过农业，而且研究得十分精深，是研究农业和其它科学，和政治经济学，和艺术的关系，——要知道，艺术是可以加上不同的调料来彻底利用的，不是连可怕的铁路桥梁也被称作"艺术工程"吗？总之，他达到了很高的境界。人们一谈起他总要说："此人了得！"《技术月刊》上经常提到他；由于他太太的周旋，他还被任命为农业部一个委员会的委员。

这点小小的荣誉对他来说已经足够了。

他以节省开支为借口，在他妻子接待客人的日子邀请他的朋友，这样他俩的朋友就混在一起，不，不如说形成两组。夫人及其由艺术家、法兰西学院院士、部长等组成的随员，占用了一个以帝国时代风格陈设和装饰起来的长厅。先生总是和他的庄稼汉们退避于一间比较狭小的、平日当作吸烟室的房间；昂塞尔夫人挖苦地称之为"农业沙龙"。

这两个阵营壁垒分明。不过，先生倒并不嫉妒，他有时候还深入学院重地，跟他们热情握手；但学院派对农业沙龙却无比地轻蔑，很少会有哪位科学界、思想界或者其他什么界的头面人物肯于和庄稼汉为伍。

这些招待活动花费不大：一壶茶，一个圆形奶油蛋糕，就这些。起初，先生提出过要有两个奶油蛋糕，一个给学院派，一个给庄稼汉；可是太太英明地指出，这种做法似乎在标榜两个阵营、两个招待会、两个派别，先生也就没再坚持。因此还是只供应一个奶油蛋糕；先由昂塞尔夫人拿来礼遇学院派，然后再转送给农业沙龙。

然而，这个圆形奶油蛋糕却很快便成了学院派最感兴趣的注意目标。昂塞尔夫人从

[①] 莫泊桑：《莫泊桑短篇小说选》，张英伦译，人民文学出版社，2010年，第153~157页。

来不亲自切蛋糕。这个任务总是由这位或那位显赫的客人来承担。这个特别光荣因而也特别受欢迎的特殊职责，轮到每个人身上的时间有长有短；有时长达三个月，但不会再长了；有人还注意到，此项"切蛋糕"特权似乎还带来一系列其他的优越感：例如连说话都带着君王——或者不如说副王语调的优越感。

登上宝座的切蛋糕者，说话嗓门更高，语气明显是命令式的；女主人的百般宠幸，全让他独享了。

人们在私下里，躲在门背后说悄悄话的时候，把这些幸运儿称作"蛋糕宠儿"，而且每次宠儿的更迭都会在学院派里引起一场革命。刀就是权杖，蛋糕就是徽标；人们对当选者齐声祝贺。庄稼汉那一组的人从来没有切蛋糕的份儿。连先生本人也总是被排除在外，虽说他也能吃到一份。

先后切过奶油蛋糕的有几位诗人、画家和小说家。一位大音乐家精分细切了一段时间，后来一位大使接替了他。有时候，也会轮到一个虽不怎么出名，但是风度翩翩、举止得体的人，坐到这具有象征性的蛋糕面前；这种人，在不同的时代，人们可以叫他真正的绅士，或者完美的骑士，或者花花公子，或者其他什么的。他们中的每一个人，在其短暂的统治期间，都会向做丈夫的表现出更大的敬意；下台的时刻来到时，他便把刀递给另一个人，自己则重新回到"美丽的昂塞尔夫人"的追随者和爱慕者的队伍中去。

这样的情况持续了很久很久；可是彗星的光芒不会永远那么耀眼。世界上的一切都会衰老。渐渐地，人们对切蛋糕的热情似乎在减弱；当托盘递给他们时，他们有时还显得有点犹豫；这个从前令人如此羡慕的职务，变得不那么诱人了；人们对这个职位不再那么眷恋，也不再那么引为骄傲了。昂塞尔夫人不惜对大家频施笑靥，倍加殷勤；唉，人们就是不再乐意切蛋糕了。由于新来者都敬谢不敏，那些"老宠儿"又一个个重新露面，就像被废黜的君主又被暂时推上王位。后来，应选人越来越少，少得几乎没有了。啊，真是奇迹，竟然整整一个月都由昂塞尔先生切蛋糕。后来他也好像是厌倦了；有一天晚上，人们看到昂塞尔夫人，美丽的昂塞尔夫人，在亲自操刀。

不过看来这活计让她厌烦之极，第二天，她再三央求一位客人，人家只得从命。

人们对这个象征真是太了解了，每到这时，大家都带着惊惶、难受的神情面面相觑。切蛋糕本来不算什么事，可是一旦获此宠幸而连带的种种特权现在却让人望而生畏了；因此，每当蛋糕端出来时，学院派们便纷纷溜到农业沙龙，好像要躲到始终笑容可掬的丈夫背后似的。忧心忡忡的昂塞尔夫人一手端着奶油蛋糕，一手拿着刀，出现在门口时，所有的人都拥到她丈夫身旁，仿佛请求他的庇护。

又过了几年。再也没有人愿意切蛋糕了。可是出于根深蒂固的老习惯，那位仍然被人礼貌地称作"美丽的昂塞尔夫人"的女人，每次晚会时，都要用目光寻找一个忠诚之士来执刀，而每次在周围都会发生同样的骚动：一次旨在避免听到她即将说出口的建议而爆发的巧妙的大逃亡。为了逃亡，各种各样复杂而又机智的招数，发挥得淋漓尽致。

一天晚上，有人把一个非常年轻、天真无邪的小伙子介绍到她家里来。他对奶油蛋糕的秘密尚一无所知，因此当蛋糕出场，大家都溜之大吉，昂塞尔夫人从仆人手里接过那盘蛋糕的时候，这小伙子依然神情自若地站在她身边。

她也许以为他是了解这件事的，满脸堆笑，声音激动地说：

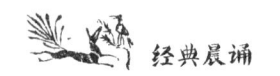

"亲爱的先生，能不能麻烦您把这个蛋糕切一下？"

他为有这种荣幸而感到高兴，忙献殷勤，脱下手套。

"啊，怎么说呢，夫人，真是太荣幸了。"

远处，在长厅的各个角落里，在庄稼汉房间敞开着的门里，人们伸着脑袋惊奇地看着。等看到新来者毫不犹豫地切好了蛋糕，大家便迅速围了过来。

一位诙谐的老诗人拍拍这位新门徒的肩膀，俯在他的耳边说：

"好样的，年轻人！"

大家好奇地注视着他，连那位做丈夫的也颇感意外。那年轻人呢，他因受到众人突如其来的尊重而感到惊异；他尤其不明白，何以女主人对他特别地亲切，明显地宠幸，而且对他表现出一种无声的感激之情。

不过看来他终于明白了。

他是在什么时候、什么地点得知真情的呢？没有人知道；不过当他出现在下次晚会时，他看上去心事重重，甚至有些害臊，老是不安地东张西望。吃茶点的时候到了。仆人走进来。昂塞尔夫人笑眯眯的，接过蛋糕，又用眼睛去寻找那个年轻朋友；可是他逃得那么及时，已经不见踪影。她就出去找他，终于在"庄稼汉"的房间里找到了他。他正挽着她丈夫的胳膊，神色惊慌地向他请教消灭葡萄根瘤蚜虫的方法。

"亲爱的先生，"她对他说，"能不能麻烦您切一下这个蛋糕？"

他的脸一下子红到耳根，脑子也蒙了，支支吾吾说不出话来。幸亏昂塞尔先生可怜他，转过身来对妻子说：

"亲爱的，您要是能不来打断我们，那就太好了；我们正在谈论农业上的事。让巴蒂斯特去切您的蛋糕吧。"

从那天以后，再也没有哪位客人替昂塞尔夫人切她的圆形奶油蛋糕了。

第九单元

1. 登池上楼①

潜虬媚幽姿，飞鸿响远音。薄霄愧云浮，栖川怍渊沉。进德智所拙，退耕力不任。徇禄反穷海，卧疴对空林。衾枕昧节候，褰开暂窥临。倾耳聆波澜，举目眺岖嵚。初景革绪风，新阳改故阴。池塘生春草，园柳变鸣禽。祁祁伤豳歌，萋萋感楚吟。索居易永久，离群难处心。持操岂独古，无闷征在今。

2. 洛神赋②

黄初三年，余朝京师，还济洛川。古人有言，斯水之神名曰宓妃。感宋玉对楚王神女之事，遂作斯赋。其词曰：

余从京域，言归东藩，背伊阙，越轘辕，经通谷，陵景山。日既西倾，车殆马烦。尔乃税驾乎蘅皋，秣驷乎芝田，容与乎阳林，流眄乎洛川。于是精移神骇，忽焉思散。俯则未察，仰以殊观。睹一丽人，于岩之畔。乃援御者而告之曰："尔有觌于彼者乎？彼何人斯，若此之艳也！"御者对曰："臣闻河洛之神，名曰宓妃。然则君王之所见也，无乃是乎？其状若何？臣愿闻之。"

余告之曰：其形也，翩若惊鸿，婉若游龙，荣曜秋菊，华茂春松。髣髴兮若轻云之蔽月，飘飖兮若流风之回雪。远而望之，皎若太阳升朝霞；迫而察之，灼若芙蓉出渌波。秾纤得衷，修短合度。

肩若削成，腰如约素。延颈秀项，皓质呈露，芳泽无加，铅华弗御。云髻峨峨，修眉连娟。丹唇外朗，皓齿内鲜。明眸善睐，辅靥承权。瓌姿艳逸，仪静体闲。柔情绰态，媚于语言。

奇服旷世，骨像应图。披罗衣之璀粲兮，珥瑶碧之华琚。戴金翠之首饰，缀明珠以耀躯。践远游之文履，曳雾绡之轻裾。微幽兰之芳蔼兮，步踟蹰于山隅。

于是忽焉纵体，以遨以嬉。左倚采旄，右荫桂旗。攘皓腕于神浒兮，采湍濑之玄

---

① 李运富编注：《谢灵运集》，岳麓书社，1999年，第43页。
② 刘跃进、王莉编著：《三曹》，中华书局，2010年，第147~160页。

芝。余情悦其淑美兮，心振荡而不怡。无良媒以接欢兮，托微波而通辞。愿诚素之先达兮，解玉佩以要之。嗟佳人之信修兮，羌习礼而明诗。

抗琼珶以和予兮，指潜渊而为期。执眷眷之款实兮，惧斯灵之我欺。感交甫之弃言兮，怅犹豫而狐疑。收和颜而静志兮，申礼防以自持。

于是洛灵感焉，徙倚彷徨。神光离合，乍阴乍阳。竦轻躯以鹤立，若将飞而未翔。践椒途之郁烈，步蘅薄而流芳。超长吟以永慕兮，声哀厉而弥长。

尔乃众灵杂遝，命俦啸侣。或戏清流，或翔神渚，或采明珠，或拾翠羽。从南湘之二妃，携汉滨之游女。叹匏瓜之无匹兮，咏牵牛之独处。

扬轻袿之猗靡兮，翳修袖以延伫。体迅飞凫，飘忽若神。

陵波微步，罗袜生尘。动无常则，若危若安。进止难期，若往若还。转盼流精，光润玉颜。含辞未吐，气若幽兰。华容婀娜，令我忘餐。

于是屏翳收风，川后静波。冯夷鸣鼓，女娲清歌。腾文鱼以警乘，鸣玉鸾以偕逝。六龙俨其齐首，载云车之容裔。鲸鲵踊而夹毂，水禽翔而为卫。

于是越北沚，过南冈；纡素领，回清扬，动朱唇以徐言，陈交接之大纲。恨人神之道殊兮，怨盛年之莫当。抗罗袂以掩涕兮，泪流襟之浪浪。悼良会之永绝兮，哀一逝而异乡。

无微情以效爱兮，献江南之明珰。虽潜处于太阴，长寄心于君王。忽不悟其所舍，怅神宵而蔽光。

于是背下陵高，足往神留。遗情想像，顾望怀愁。冀灵体之复形，御轻舟而上溯。

浮长川而忘反，思绵绵而增慕。夜耿耿而不寐，沾繁霜而至曙。命仆夫而就驾，吾将归乎东路。揽騑辔以抗策，怅盘桓而不能去。

3. 中国哲学的精神和问题（节选）[①]

人是各式各样的。每一种人，都可以取得最高的成就。例如，有的人从政，在这个领域里，最高成就便是成为一个伟大的政治家。同样，在艺术领域里，最高成就便是成为一个伟大的艺术家。人可能被分为不同等级，但他们都是人。就做人来说，最高成就是什么呢？按中国哲学说，就是成圣，成圣的最高成就是：个人和宇宙合而为一。问题在于，如果人追求天人合一，是否需要抛弃社会，甚至否定人生呢？

有的哲学家认为，必须如此。释迦牟尼认为，人生就是苦难的根源；柏拉图认为，身体是灵魂的监狱。有的道家认为，生命是个赘疣，是个瘤，死亡是除掉那个瘤。所有这些看法都主张人应该从被物质败坏了的世界中解脱出来。一个圣人要想取得最高的成就，必须抛弃社会，甚至抛弃生命。唯有这样，才能得到最后的解脱。这种哲学通常被称为"出世"的哲学。

还有一种哲学，强调社会中的人际关系和人事。这种哲学只谈道德价值，因此对于

[①] 冯友兰：《中国哲学简史》，赵复三译，生活·读书·新知三联书店，2009年，第7～12页。

超越道德的价值觉得无从谈起，也不愿去探讨。这种哲学通常被称为"入世"的哲学。站在入世哲学的立场上，出世的哲学过于理想化，不切实际，因而是消极的。从出世哲学的立场看，入世哲学过于实际，也因而过于肤浅；它诚然积极，但是像一个走错了路的人，走得越快，在歧途上就走得越远。

许多人认为，中国哲学是一种入世的哲学，很难说这样的看法完全对或完全错。从表面看，这种看法不能认为就是错的，因为持这种见解的人认为，中国无论哪一派哲学，都直接或间接关切政治和伦理道德。因此，它主要关心的是社会，而不关心宇宙；关心的是人际关系的日常功能，而不关心地狱或天堂；关心人的今生，而不关心他的来生。《论语》第十一章十一节记载，有一次，孔子的学生子路问孔子："敢问死？"孔子回答说："未知生，焉知死？"孟子曾说："圣人，人伦之至也。"（《孟子·离娄章句上》）这无异于说，圣人是道德完美的人。就表面看，中国哲学所说的圣人是现世中的人，这和佛家所描述的释迦牟尼或基督教所讲的圣徒，迥然异趣；特别是儒家所说的圣人，更是如此。这便是引起中国古代道家嘲笑孔子和儒家的原因。

不过，这只是从表面上看问题。用这种过分简单的办法是无从了解中国哲学的。中国传统哲学的主要精神，如果正确理解的话，不能把它称作完全是入世的，也不能把它称作完全是出世的。它既是入世的，又是出世的。有一位哲学家在谈到宋朝道学时说它："不离日用常行内，直到先天未画前。"这是中国哲学努力的方向。由于有这样的一种精神，中国哲学既是理想主义的，又是现实主义的；既讲求实际，又不肤浅。

入世和出世是对立的，正如现实主义和理想主义是对立的一样。中国哲学的使命正是要在这种两极对立中寻求它们的综合。这是否要取消这种对立？但它们依然在那里，只是两极被综合起来了。怎么做到这一点呢？这正是中国哲学力图解决的问题。

按中国哲学的看法，能够不仅在理论上，而且在行动中实现这种综合的，就是圣人。他既入世，又出世；中国圣人的这个成就相当于佛教中的佛和西方宗教里的圣徒。但是，中国的圣人不是不食人间烟火、漫游山林、独善其身；他的品格可以用"内圣外王"四个字来刻画：内圣，是说他的内心致力于心灵的修养；外王，是说他在社会活动中好似君王。这不是说他必须是一国的政府首脑，从实际看，圣人往往不可能成为政治首脑。"内圣外王"是说，政治领袖应当具有高尚的心灵。至于有这样的心灵的人是否就成为政治领袖，那无关紧要。

按照中国传统，圣人应具有内圣外王的品格，中国哲学的使命就是使人得以发展这样的品格。因此，中国哲学讨论的问题就是内圣外王之道；这里的"道"是指道路，或基本原理。

听起来，这有点像柏拉图所主张的"哲学家—国王"理论。柏拉图认为，在一个理想国里，哲学家应当成为国王，或国王应当成为哲学家。一个人怎样能成为哲学家呢？柏拉图认为，这个人必须先经过长期的哲学训练，使他在瞬息万变的世界事物中长成的头脑得以转到永恒理念的世界中去。由此看来，柏拉图和中国哲学家持有同样的主张，认为哲学的使命是使人树立起内圣外王的品格。但是按照柏拉图的说法，哲学家成为国王是违反了自己的意志，担任国王是强加给他的职务，对他是一种自我牺牲。中国古代的道家也持这样的观点。《吕氏春秋·贵生》篇里载有一个故事讲，古代一个圣人被国人拥戴为君,圣人逃上山去,藏在一个山洞里;国人跟踪而去,用烟把圣人从山洞里熏出来,强迫他当国君。这是柏拉图思想和中国古代道家相近的一点,从中也可看出道家哲学中的出世思想。到公元三世纪,新道家郭象根据中国主流哲学的传统,修改了道家思想中的这一点。

按照儒家思想,圣人并不以处理日常事务为苦,相反地,正是在这些世俗事务之中陶冶性情,使人培养自己以求得圣人的品格。他把处世为人看作不仅是国民的职责,而且如孟子所说,把它看为是"天民"的职责。人而成为"天民",必须是自觉的,否则,他的所作所为,就不可能具有超越道德的价值。如果他因缘际会,成为国君,他会诚意正心去做,因为这不仅是事人,也是事天。

既然哲学所探讨的是内圣外王之道,它自然难以脱离政治。在中国哲学里,无论哪派哲学,其哲学思想必然也就是它的政治思想。这不是说,中国各派哲学里没有形而上学、伦理学或逻辑,而是说,它们都以不同形式与政治思想联系在一起,正如柏拉图的《理想国》既代表了柏拉图的全部哲学,又同时就是他的政治思想。

举例来说,名家所辩论的"白马非马",似乎与政治毫不相干,但名家代表人物公孙龙"欲推是辩,以正名实,而化天下焉"(《公孙龙子·迹府》)。在今日世界,政治家们个个都标榜他的国家一心追求和平,事实上,我们不难看到,有的一面侈谈和平,一面就在准备战争。这就是名实不符。按公孙龙的意见,这种名实不符应当纠正。的确,要改变世界,这就是需要加以改变的第一步。

既然哲学以内圣外王之道为主题,研究哲学就不是仅仅为了寻求哲学的知识,还要培养这样的品德。哲学不仅是知识,更重要的,它是生命的体验。它不是一种智力游戏,而是十分严肃的事情。金岳霖教授在一篇未发表的论文中说:"中国哲学家,在不同程度上,都是苏格拉底,因为他把伦理、哲学、反思和知识都融合在一起了。就哲学家来说,知识和品德是不可分的,哲学要求信奉它的人以生命去实践这个哲学,哲学家只是载道的人而已,按照所信奉的哲学信念去生活,乃是他的哲学的一部分。哲学家终身持久不懈地操练自己,生活在哲学体验之中,超越了自私和自我中心,以求与天合一。十分清楚,这种心灵的操练一刻也不能停止,因为一旦停止,自我就会抬头,内心的宇宙意识就将丧失。因此,从认识角度说,哲学家永远处于追求之中;从实践角度说,他永远在行动或将要行动。这些都是不可分割的。在哲学家身上就体现着'哲学家'这个字本来含有的智慧和爱的综合。他像苏格拉底一样,不是按上下班时间来考虑哲学问题的;他也不是尘封的、陈腐的哲学家,把自己关在书斋里、坐在椅中,而置身于人生的边缘。对他来说,哲学不是仅供人们去认识的一套思想模式,而是哲学家自己据以行动的内在规范,甚至可以说,一个哲学家的生平,只要看他的哲学思想便可以了然了。"

4. 听听那冷雨[1]

惊蛰一过，春寒加剧。先是料料峭峭，继而雨季开始，时而淋淋漓漓，时而淅淅沥沥，天潮潮地湿湿，即连在梦里，也似乎把伞撑着。而就凭一把伞，躲过一阵潇潇的冷雨，也躲不过整个雨季。连思想也都是潮润润的。每天回家，曲折穿过金门街到厦门街迷宫式的长巷短巷，雨里风里，走入霏霏令人更想入非非。想这样子的台北凄凄切切完全是黑白片的味道，想整个中国整部中国的历史无非是一张黑白片子，片头到片尾，一直是这样下着雨的。这种感觉，不知道是不是从安东尼奥尼那里来的。不过那一块土地是久违了，二十五年，四分之一的世纪，即使有雨，也隔着千山万山，千伞万伞。二十五年，一切都断了，只有气候，只有气象报告还牵连在一起。大寒流从那块土地上弥天卷来，这种酷冷吾与古大陆分担。不能扑进她怀里，被她的裙边扫一扫吧也算是安慰孺慕之情。

这样想时，严寒里竟有一点温暖的感觉了。这样想时，他希望这些狭长的巷子永远延伸下去，他的思路也可以延伸下去，不是金门街到厦门街，而是金门到厦门。他是厦门人，至少是广义的厦门人，二十年来，不住在厦门，住在厦门街，算是嘲弄吧，也算是安慰。不过说到广义，他同样也是广义的江南人，常州人，南京人，川娃儿，五陵少年。杏花春雨江南，那是他的少年时代了。再过半个月就是清明。安东尼奥尼的镜头摇过去，摇过去又摇过来。残山剩水犹如是。皇天后土犹如是。纭纭黔首纷纷黎民从北到南犹如是。那里面是中国吗？那里面当然还是中国永远是中国。只是杏花春雨已不再，牧童遥指已不再，剑门细雨渭城轻尘也都已不再。然则他日思夜梦的那片土地，究竟在哪里呢？

在报纸的头条标题里吗？还是香港的谣言里？还是傅聪的黑键白键马思聪的跳弓拨弦？还是安东尼奥尼的镜底勒马洲的望中？还是呢，故宫博物院的壁头和玻璃橱内，京戏的锣鼓声中太白和东坡的韵里？

杏花。春雨。江南。六个方块字，或许那片土就在那里面。而无论赤悬也好神州也好中国也好，变来变去，只要仓颉的灵感不灭美丽的中文不老，那形象，那磁石一般的向心力当必然长在。因为一个方块字是一个天地。太初有字，于是汉族的心灵他祖先的回忆和希望便有了寄托。譬如凭空写一个"雨"字，点点滴滴，滂滂沱沱，淅沥淅沥淅沥，一切云情雨意，就宛然其中了。视觉上的这种美感，岂是什么 rain 也好 pluie 也好所能满足？翻开一部《辞源》或《辞海》，金木水火土，各成世界，而一入"雨"部，古神州的天颜千变万化，便悉在望中，美丽的霜雪云霞，骇人的雷电霹雹，展露的无非是神的好脾气与坏脾气，气象台百读不厌门外汉百思不解的百科全书。

听听，那冷雨。看看，那冷雨。嗅嗅闻闻，那冷雨。舔舔吧，那冷雨。雨在他的伞上这城市百万人的伞上雨衣上屋上天线上，雨下在基隆港在防波堤在海峡的船上，清明这季雨。雨是女性，应该最富于感性。雨气空濛而迷幻，细细嗅嗅，清清爽爽新新，有

---

[1] 余光中：《余光中散文精选》，浙江文艺出版社，2011年，第32~38页。

一点点薄荷的香味,浓的时候,竟发出草和树沐发后特有的淡淡土腥气,也许那竟是蚯蚓和蜗牛的腥气吧,毕竟是惊蛰了啊。也许地上的地下的生命也许古中国层层叠叠的记忆皆蠢蠢而蠕,也许是植物的潜意识和梦吧,那腥气。

第三次去美国,在高高的丹佛他山居了两年。美国的西部,多山多沙漠,千里干旱,天,蓝似盎格鲁-撒克逊人的眼睛,地,红如印第安人的肌肤,云,却是罕见的白鸟。落基山簇簇耀目的雪峰上,很少飘云牵雾。一来高,二来干,三来森林线以上,杉柏也止步,中国诗词里"荡胸生层云",或是"商略黄昏雨"的意趣,是落基山上难睹的景象。落基山岭之胜,在石,在雪。那些奇岩怪石,相叠互倚,砌一场惊心动魄的雕塑展览,给太阳和千里的风看。那雪,白得虚虚幻幻,冷得清清醒醒,那股皑皑不绝一仰难尽的气势,压得人呼吸困难,心寒眸酸。不过要领略"白云回望合,青霭入看无"的境界,仍须回来中国。台湾湿度很高,最饶云气氤氲雨意迷离的情调。两度夜宿溪头,树香沁鼻,宵寒袭肘,枕着润碧湿翠苍苍交叠的山影和万籁都歇的岑寂,仙人一样睡去。山中一夜饱雨,次晨醒来,在旭日未升的原始幽静中,冲着隔夜的寒气,踏着满地的断柯折枝和仍在流泻的细股雨水,一径探入森林的秘密,曲曲弯弯,步上山去。溪头的山,树密雾浓,蓊郁的水汽从谷底冉冉升起,时稠时稀,蒸腾多姿,幻化无定,只能从雾破云开的空处,窥见乍现即隐的一峰半壑,要纵览全貌,几乎是不可能的。至少入山两次,只能在白茫茫里和溪头诸峰玩捉迷藏的游戏。回到台北,世人问起,除了笑而不答心自闲,故作神秘之外,实际的印象,也无非山在虚无之间罢了。云缭烟绕,山隐水迢的中国风景,由来予人宋画的韵味。那天下也许是赵家的天下,那山水却是米家的山水。而究竟,是米氏父子下笔像中国的山水,还是中国的山水上纸像宋画,恐怕是谁也说不清楚了吧?

雨不但可嗅,可观,更可以听。听听那冷雨。听雨,只要不是石破天惊的台风暴雨,在听觉上总是一种美感。大陆上的秋天,无论是疏雨滴梧桐,或是骤雨打荷叶,听去总有一点凄凉,凄清,凄楚,于今在岛上回味,则在凄楚之外,更笼上一层凄迷了。饶你多少豪情侠气,怕也禁不起三番五次的风吹雨打。一打少年听雨,红烛昏沉。两打中年听雨,客舟中,江阔云低。三打白头听雨在僧庐下,这便是亡宋之痛,一颗敏感心灵的一生:楼上,江上,庙里,用冷冷的雨珠子串成。十年前,他曾在一场摧心折骨的鬼雨中迷失了自己。雨,该是一滴湿漓漓的灵魂,窗外在喊谁。

雨打在树上和瓦上,韵律都清脆可听。尤其是铿铿敲在屋瓦上,那古老的音乐,属于中国。王禹偁在黄冈,破如椽的大竹为屋瓦。据说住在竹楼上面,急雨声如瀑布,密雪声比碎玉,而无论鼓琴,咏诗,下棋,投壶,共鸣的效果都特别好。这样岂不像住在竹筒里面,任何细脆的声响,怕都会加倍夸大,反而令人耳朵过敏吧。

雨天的屋瓦,浮漾湿湿的流光,灰而温柔,迎光则微明,背光则幽暗,对于视觉,是一种低沉的安慰。至于雨敲在鳞鳞千瓣的瓦上,由远而近,轻轻重重轻轻,夹着一股股的细流沿瓦槽与屋檐潺潺泻下,各种敲击音与滑音密织成网,谁的千指百指在按摩耳轮。"下雨了。"温柔的灰美人来了,她冰冰的纤手在屋顶拂弄着无数的黑键啊灰键,把晌午一下子奏成了黄昏。

在古老的大陆上,千屋万户是如此。二十多年前,初来这岛上,日式的瓦屋亦是如此。先是天暗了下来，城市像罩在一块巨幅的毛玻璃里，阴影在户内延长复加深。然后凉凉的水意弥漫在空间，风自每一个角落里旋起，感觉得到，每一个屋顶上都呼吸沉重覆着灰云。雨来了，最轻的敲打乐敲打这城市，苍茫的屋顶，远远近近，一张张敲过去，古老的琴，那细细密密的节奏，单调里自有一种柔婉与亲切，滴滴点点滴滴，似幻似真，若孩时在摇篮里，一曲耳熟的童谣摇摇欲睡，母亲吟哦鼻音与喉音。或是在江南的泽国水乡，一大筐绿油油的桑叶被啃于千百头蚕，细细琐琐屑屑，口器与口器咀咀嚼嚼。雨来了，雨来的时候瓦这么说，一片瓦说千亿片瓦说，说轻轻地奏吧沉沉地弹，徐徐地叩吧答答地打，间间歇歇敲一个雨季，即兴演奏从惊蛰到清明，在零落的坟上冷冷奏挽歌，一片瓦吟千亿片瓦吟。

在日式的古屋里听雨，听四月，霏霏不绝的黄梅雨，朝夕不断，旬月绵延，湿黏黏的苔藓从石阶下一直侵到他舌底，心底。到七月，听台风台雨在古屋顶上一夜盲奏，千寻海底的热浪沸沸被狂风挟来，掀翻整个太平洋只为向他的矮屋檐重重压下，整个海在他的蜗壳上哗哗泻过。不然便是雷雨夜，白烟一般的纱帐里听羯鼓一通又一通，滔天的暴雨滂滂沛沛扑来，强劲的电琵琶忐忑忑忑忐忑，弹动屋瓦的惊悸腾腾欲掀起。不然便是斜斜的西北雨斜斜，刷在窗玻璃上，鞭在墙上，打在阔大的芭蕉叶上，一阵寒濑泻过，秋意便弥漫日式的庭院了。

在日式的古屋里听雨，春雨绵绵听到秋雨潇潇，从少年听到中年，听听那冷雨。雨是一种单调而耐听的音乐是室内乐是室外乐，户内听听，户外听听，冷冷，那音乐。雨是一种回忆的音乐，听听那冷雨，回忆江南的雨下得满地是江湖下在桥上和船上，也下在四川在秧田和蛙塘下肥了嘉陵江下湿布谷咕咕的啼声。雨是潮潮润润的音乐下在渴望的唇上舐舐那冷雨。

因为雨是最最原始的敲打乐从记忆的彼端敲起。瓦是最最低沉的乐器灰蒙蒙的温柔覆盖着听雨的人，瓦是音乐是雨伞撑起。但不久公寓的时代来临，台北你怎么一下子长高了，瓦的音乐竟成了绝响。千片万片的瓦翩翩，美丽的灰蝴蝶纷纷飞走，飞入历史的记忆。现在雨下下来下在水泥的屋顶和墙上，没有音韵的雨季。树也砍光了，那月桂，那枫树，柳树和擎天的巨椰，雨来的时候不再有丛叶嘈嘈切切，闪动湿湿的绿光迎接。鸟声减了啾啾，蛙声沉了咯咯，秋天的虫吟也减了唧唧。二十世纪七十年代的台北不需要这些，一个乐队接一个乐队便遣散尽了。要听鸡叫，只有去《诗经》的韵里寻找。现在只剩下一张黑白片，黑白的默片。

正如马车的时代去后，三轮车的时代也去了。曾经在雨夜，三轮车的油布篷挂起，送她回家的途中，篷里的世界小得多可爱，而且躲在警察的辖区以外。雨衣的口袋越大越好，盛得下他的一只手里握一只纤纤的手。台湾的雨季这么长，该有人发明一种宽宽的双人雨衣，一人分穿一只袖子，此外的部分就不必分得太苛。而无论工业如何发达，一时似乎还废不了雨伞。只要雨不倾盆，风不横吹，撑一把伞在雨中仍不失古典的韵味。任雨点敲在黑布伞或是透明的塑胶伞上，将骨柄一旋，雨珠向四方喷溅，伞缘便旋成了一圈飞檐。跟女友共一把雨伞，该是一种美丽的合作吧。最好是初恋，有点兴奋，更有点不好意思，若即若离之间，雨不妨下大一点。真正初恋，恐怕是兴奋得不需要伞的，手牵手在雨中狂奔而去，把年轻的长发和肌肤交给漫天的淋淋漓漓，然后向对方的唇上颊上尝凉凉甜甜的雨水。不过那要非常年轻且激情，同时，也只能发生在法国的新潮片里吧。

　　大多数的雨伞想不会为约会张开。上班下班，上学放学，菜市来回的途中，现实的伞，灰色的星期三。握着雨伞，他听那冷雨打在伞上。索性更冷一些就好了，他想。索性把湿湿的灰雨冻成干干爽爽的白雨，六角形的结晶体在无风的空中回回旋旋地降下来，等须眉和肩头白尽时，伸手一拂就落了。二十五年，没有受故乡白雨的祝福，或许发上下一点白霜是一种变相的自我补偿吧。一位英雄，禁得起多少次雨季？他的额头是水成岩还是火成岩削成？他的心底究竟有多厚的苔藓？厦门街的雨巷走了二十年与记忆等长，一座无瓦的公寓在巷底等他，一盏灯在楼上的雨窗子里，等他回去，向晚餐后的沉思冥想去整理青苔深深的记忆。前尘隔海。古屋不再。听听那冷雨。

5. Youth[①]

　　Youth (Youth) is not entirely a time of life; it is a state of mind; it is not a matter of rosy cheeks, red lips and supple knees; it is a temper of the will, a quality of the imagination, a vigor of the emotions; it is the freshness of the deep springs of life.

　　Youth means a temperamental predominance of courage over timidity, of the appetite of adventure over the love of ease. This often exists in a man of sixty more than a boy of twenty. Nobody grows old by merely living a number of years. We grow old by deserting our ideals.

　　Years may wrinkle the skin, but to give up enthusiasm wrinkles the soul. Worry, doubt, self-distrust, fear and despair—these bow the heart and turn the spirit back to dust.

　　Whether sixty or sixteen, there is in every human being's heart the love of wonder, the sweet amaze me to at the stars and the star like things, the undaunted challenge of events, the unfailing child-like appetite for what- next and the joy of the game of living. You are as young as your faith, as young as your self-confidence, as old as your face; as young as your hope, as old as your despair. In the central place of your heart there is a wireless station, so long as it receives messages of beauty, hope, courage, grandeur and power from the earth, from men and from the Infinite, so long are you young.

　　When the wires are all down, and all the central places of your heart are covered with snows of pessimism and the ice of cynicism, then, and only then, are you grown old indeed. Even at 20, but as long as your aerials are up, to catch waves of optimism, there is hope you may die young at 80.

---

　　① Sammel Ullman：Youth，载蒙田等：《美丽英文——世界上最优美的散文》，张悦译，黑龙江人民出版社，2007 年，第 161 页。

第十单元

1. 吊屈原赋（节选）①

恭承嘉惠兮，俟罪长沙。侧闻屈原兮，自沉汨罗。造托湘流兮，敬吊先生：遭世罔极兮，乃殒厥身。呜呼哀哉！逢时不祥。鸾凤伏窜兮，鸱枭翱翔。阘茸尊显兮，谗谀得志。贤圣逆曳兮，方正倒植。世谓随夷为溷兮，谓跖蹻为廉。莫邪为钝兮，铅刀为铦。吁嗟默默，生之无故兮；斡弃周鼎，宝康瓠兮。腾驾罢牛，骖蹇驴兮；骥垂两耳，服盐车兮。章甫荐履，渐不可久兮；嗟苦先生，独离此咎兮。

讯曰：已矣！国其莫我知兮，独壹郁其谁语？凤漂漂其高逝兮，固自引而远去。袭九渊之神龙兮，沕深潜以自珍。偭蟂獭以隐处兮，夫岂从虾与蛭螾？所贵圣人之神德兮，远浊世而自藏。使骐骥可系而羁兮，岂云异夫犬羊？般纷纷其离此尤兮，亦夫子之故也。历九州而相其君兮，何必怀此都也？凤凰翔于千仞兮，览德辉而下之；见细德之险征兮，遥曾击而去之。彼寻常之污渎兮，岂能容夫吞舟之巨鱼？横江湖之鳣鲸兮，固将制于蝼蚁！

2. 白头吟（托卓文君作）②

皑如山上雪，皎若云间月。闻君有两意，故来相决绝。今日斗酒会，明旦沟水头。躞蹀御沟上，沟水东西流。凄凄复凄凄，嫁娶不须啼。愿得一心人，白头不相离。竹竿何嫋嫋，鱼尾何簁簁。男儿重意气，何用钱刀为。

3. 古驿道上相聚③

那里烟雾迷蒙，五百步外就看不清楚；空气郁塞，叫人透不过气似的。门外是东西

---

① 尹赛夫、吴坤定、赵乃增：《中国历代赋选》，山西教育出版社，1989年，第28页。
② 徐中玉主编：《中国古典文学精品普及读本　汉魏六朝诗文赋》，广东人民出版社，2019年，第12页。
③ 杨绛：《我们仨》，生活·读书·新知三联书店，2003，第28~38页。

向的一道长堤，沙土筑成，相当宽，可容两辆大车。堤岸南北两侧都砌着石板。客栈在路南，水道在路北。客栈的大门上，架着一个新刷的招牌，大书"客栈"二字。道旁两侧都是古老的杨柳。驿道南边的堤下是城市背面的荒郊，杂树丛生，野草滋蔓，爬山虎直爬到驿道旁边的树上。远处也能看到一两簇苍松翠柏，可能是谁家的陵墓。驿道东头好像是个树林子，客栈都笼罩在树林里似的。我们走进临水道的那一岸。堤很高，也很陡，河水静止不流，不见一丝波纹。水面明净，但是云雾蒙蒙的天倒映在水里，好像天地相向，快要合上了。也许这就是令人觉得透不过气的原因。顺着蜿蜒的水道向西看去，只觉得前途很远很远，只是迷迷茫茫，看不分明。水边一顺溜的青青草，引出绵绵远道。

古老的柳树根，把驿道拱坏了。驿道也随着地势时起时伏，石片砌的边缘处，常见塌陷，所以路很难走。河里也不见船只。

阿圆扶着我说，"妈妈小心，看着地下。"

我知道小心，因为我病后刚能独自行走。我步步着实地走，省得阿圆搀扶，她已经够累的了。走着走着——其实并没走多远，就看见岸边停着一叶小舟，赶紧跑去。

船头的岸边，植一竿撑船的长竹篙，船缆在篙上。船很小，倒也有前舱、后舱、船头、船尾；却没有舵，也没有桨。一条跳板，搭在船尾和河岸的沙土地上。驿道边有一道很长的斜坡，通向跳板。

阿圆站定了说："妈妈，看那只船艄有号码，311，是爸爸的船。"

我也看见了。阿圆先下坡，我走在后面，一面说："你放心，我走得很稳。"但是阿圆从没见过跳板，不敢走。我先上去，伸手牵着她，她小心翼翼地横着走。两人都上了船。

船很干净，后舱空无一物，前舱铺着一只干净整齐的床，雪白的床单，雪白的枕头，简直像在医院里，锺书侧身卧着，腹部匀匀地一起一伏，睡得很安静。

我们在后舱脱了鞋，轻轻走向床前。只见他紧抿着嘴唇，眼睛里还噙着些泪，脸上有一道泪痕。枕边搭着一方干净的手绢，就是他自己带走的那条，显然已经洗过，因为没一道折痕。船上不见一人。

该有个撑船的艄公，也许还有个洗手绢的艄婆。他们都上岸了？（我只在心里捉摸）

我摸摸他额上温度正常，就用他自己的手绢为他拭去眼泪，一面在他耳边轻唤"锺书，锺书"。阿圆乖乖地挨着我。

他立即睁开眼，眼睛睁得好大。没有了眼镜，可以看到他的眼皮双得很美，只是面容显得十分憔悴。他放心地叫了声"季康，阿圆"，声音很微弱，然后苦着脸，断断续续地诉苦："他们把我带到一个很高很高的不知哪里，然后又把我弄下来，转了好多好多的路，我累得睁不开眼了，又不敢睡，听得船在水里走，这是船上吧？我只愁你们找不到我了。"

阿圆说："爸爸，我们来了，你放心吧！"

我说："阿圆带着我，没走一步冤枉路。你睁不开眼，就闭上，放心睡一会儿。"

他疲劳得支持不住，立即闭上眼睛。

我们没个坐处，只好盘膝坐在地上。他从被子侧边伸出半只手，动着指头，让我们握握。阿圆坐在床尾抱着他的脚,他还故意把脚动动。我们三人又相聚了。不用说话,都觉得心上舒坦。我握着他的手把脸枕在床沿上。阿圆抱着爸爸的脚,把脸靠在床尾。虽然是古驿道上,这也是合家团聚。

我和阿圆环视四周。锺书的眼镜没了,鞋也没了。前舱的四壁好像都是装东西的壁柜,我们不敢打开看。近船头处,放着一个大石礅。大概是镇船的。

阿圆忽然说:"啊呀,糟糕了,妈妈,我今天有课的,全忘了!明天得到学校去一遭。"

我说:"去也来不及了。"

"我从来没旷过课。他们准会来电话。哎,还得补课呢。今晚得回去给系里通个电话。"

阿圆要回去,就剩我一人住客栈了。我往常自以为很独立,这时才觉得自己像一枝爬藤草。可是我也不能拉住阿圆不放。好在手续都已办完,客栈离船不远。

我叹口气说:"你该提早退休,就说爸爸老了,妈妈糊涂了,你负担太重了。你编的教材才出版了上册,还有下册没写呢。"

阿圆说:"妈妈你不懂。一面教,一面才会有新的发现,才能修改添补。出版的那个上册还得大修大改呢——妈妈,你老盼我退休,只怕再过三年五年也退不成。"

我自己惭愧,只有我是个多余的人。我默然。太阳已经越过船身。我轻声说:"太阳照进前舱,我们就得回客栈,如果爸爸还不醒……"我摸摸袖口的别针,忙止口不问。

"叫醒他。"阿圆有决断,她像爸爸。

锺书好像还在沉沉酣睡。云后一轮血红的太阳,还没照到床头,锺书忽然睁开眼睛,看着我们,安慰自己似的念着我们的名字:季康、圆圆。我们忙告诉他,太阳照进前舱,我们就得回客栈。阿圆说:"我每星期会来看你。妈妈每天来陪你。这里很安静。"

锺书说:"都听见了。"他耳朵特灵,他睡着也只是半睡。这时他忽把紧闭的嘴拉成一条直线,扯出一丝淘气的笑,怪有意思地看着我说:"绛,还做梦吗?"

我愣了一下,茫然说:"我这会儿就好像做梦呢。"嘴里这么回答,却知道自己是没有回答。我一时摸不着头脑。

阿圆站起身说:"我们该走了。爸爸,我星期天来看你,妈妈明天就来。"

锺书说:"走吧。"

我说了声:"明天见,好好睡。"我们忙到后舱穿上鞋。我先上跳板,牵着阿圆。她只会横着一步一步过。我们下船,又走上驿道。两人忙忙地赶回客栈,因为路不好走,我又走不快。

到了客栈,阿圆说:"妈妈,我很想陪你,但是我得赶回家打个电话,还得安排补课……妈妈,你一个人了……"她舍不得撇下我。

我认为客栈离船不远,虽然心上没着落,却不忍拖累阿圆。我说:"你放心吧,我走得很稳了。你来不及吃晚饭,干脆赶早回去,再迟就堵车了。"

我们一进客栈的门,大门就上闩。

阿圆说:"娘,你走路小心,宁可慢。"我说:"放心,你早点睡。"她答应了一声,匆匆从后门出去,后门也立即关上。这前后门都把得很紧。

我仍旧坐在楼梯下的小饭桌上,等开晚饭。我要了一份清淡的晚餐,坐着四顾观看。店里有个柜台,还有个大灶,掌柜一人,还有伙计几人,其中有一个女的很和善。我们微笑招呼。我发现柜台对面有个窗口,旁边有一个大转盘,茶水、点心、饭菜都从这个转盘转出去。窗口有东西挡着,我午饭时没看见。我对女人说,"那边忙着呢,我不着急。"那女人就向我解释,外面是南北向的道路上招徕顾客的点心铺,也供茶水、也供便饭。我指指楼上,没敢开口。她说,楼上堆货,管店的也住楼上。没别的客人。

楼上,我的客房连着个盥洗室,很干净。我的手提包已经在客房里了。我走得很累,上床就睡着。

我睡着就变成了一个梦,很轻灵。我想到高处去看看河边的船。转念间,我已在客栈外边路灯的电杆顶上。驿道那边的河看不见,停在河边的船当然也看不见,船上并没有灯火。客栈南边却是好看,闪亮着红灯、绿灯、黄灯、蓝灯各色灯光,是万家灯火的不夜城,是北京。三里河在哪儿呢?转念间我已在家中卧室窗前的柏树顶上,全屋是黑的,阿圆不知在哪条街上,哪辆公交车上。明天我们的女婿要来吃早点的,他知道我们家的事吗?转念间我又到了西石槽阿圆的婆家。屋里几间房都亮着灯。呀!阿圆刚放下电话听筒,过来坐在饭桌前。她婆婆坐在她旁边。我的女婿给阿圆舀了一碗汤,叫她喝汤,一面问:

"我能去看看他们吗?"

"不能,只许妈妈和我两个。"

她婆婆说:"你搬回来住吧。"

阿圆说:"书都在那边呢,那边离学校近。我吃了晚饭就得过那边去。"

我依傍着阿圆,听着他们谈话,然后随阿圆又上车回到三里河。她洗完澡还不睡,备课到夜深。我这个梦虽然轻灵,却是万般无能,我都没法催圆圆早睡。梦也累了。我停在自己床头贴近衣柜的角落里歇着,觉得自己化淡了。化为乌有了。

我睁眼,身在客栈的床上,手脚倒是休息过来了。我吃过早饭,忙忙地赶路,指望早些上船陪锺书。昨天走过的路约略记得,可是斜坡下面的船却没有了。

这下子我可慌了。我没想想,船在水里,当然会走的。走多远了呢?身边没个可以商量的人了。一人怯怯地,生怕走急了绊倒了怎么办,又怕错失了河里的船,更怕走慢了赶不上那只船。步步留心地走,留心地找,只见驿道左侧又出现一座客栈,不敢错过,就进去吃饭休息。客栈是一模一样的客栈,只是掌柜和伙计换了人。我带着牌子进去,好似老主顾。我洗了手又复赶路,心上惶惶然。幸好不多远就望见驿道右边的斜坡,311号的船照模照样地停在坡下。我走过跳板上船,在后舱脱鞋,锺书半坐半躺地靠在枕上等我呢。

他问:"阿圆呢?"

"到学校去了。"

我照样盘腿坐在他床前,摸他的脑门子,温度正常,颈间光滑滑的。他枕上还搭着他自己的手绢,显然又洗过了。他神情已很安定,只是面容很憔悴,一下子瘦了很多。

他说:"我等了你好半天了。"

我告诉他走路怕跌,走不快。

我把自己变了梦所看到的阿圆,当作真事一一告诉。他很关心地听着,并不问我怎会知道。他等我已经等累了,疲倦得闭上眼睛。我梦里也累,又走得累,也紧张得累。我也闭上眼,把头枕在他的床边。这样陪着他,心上挺安顿。到应该下船的时候,我起身说,该回去了,他说:"明天见,别着急,走路小心。"我就一步步走回客栈。

但是,我心上有个老大的疙瘩。阿圆是否和我一样糊涂,以为船老停在原处不动?船大概走了一夜,星期天阿圆到哪个客栈来找我呢?

客栈确是"一条龙",我的手提包已移入另一个客栈的客房。我照模照样又过了一夜,照模照样又变成一个梦,随着阿圆打转,又照模照样,走过了另一个客栈,又找到锺书的船。他照样在等我,我也照样儿陪着他。

一天又一天,我天天在等星期日,却忘了哪天是星期日。有一天,我饭后洗净手,正待出门,忽听得阿圆叫娘,她连挂在肩上的包都没带,我梦里看见她整理好了书包才睡的。我不敢问,只说:"你没带书包。"

她说不用书包,只从衣袋里掏出一只小钱包给我看看,拉着我一同上路。我又惊讶,又佩服,不知阿圆怎么找来的,我也不敢问,只说:"我只怕你找不到我们了。"阿圆说:"算得出来呀。"古驿道办事处的人曾给她一张行舟图表,她可以按着日程找。我放下了一桩大心事。

我们一同上了船,锺书见了阿圆很高兴,虽然疲倦,也不闭眼睛,我虽然劳累,也很兴奋,我们又在船上团聚了。

我只在阿圆和我分别时郑重叮嘱,晚上早些睡,勿磨蹭到老晚。阿圆说:"妈妈,梦想为劳,想累了要梦魇的。"去年爸爸动手术,她颈椎痛,老梦魇,现在好了。她说:"妈妈总是性急,咱们只能乖乖地顺着道儿走。"

可是我常想和阿圆设法把锺书驮下船溜回家去。这怎么可能呢!

我的梦不复轻灵,我梦得很劳累,梦都沉重得很。我变了梦,看阿圆忙这忙那,看她吃着晚饭,还有电话打扰,有一次还有两个学生老晚来找她。我看见女婿在我家厨房里,烧开了水,壶上烤着个膏药,揭开了,给阿圆贴在颈后。都是真的吗?她又颈椎痛吗?我不敢当作真事告诉锺书。好在他都不问。

堤上的杨柳开始黄落,渐渐地落成一棵棵秃柳。我每天在驿道上一脚一脚走,带着自己的影子,踏着落叶。

有一个星期天,三人在船上团聚。锺书已经没有精力半坐半躺,他只平躺着。我发现他的假牙不知几时起已不见了。他日见消瘦,好像老不吃饭的。我摸摸他的脑门子,有点热辣辣的。我摸摸阿圆的脑门子,两人都热辣辣的,我用自己的脑门子去试,他们都是热的。阿圆笑说,"妈妈有点凉,不是我们热。"

可是下一天我看见锺书手背上有一块青紫,好像是用了吊针,皮下流了血。他眼睛也张不开,只捏捏我的手。我握着他的手,他就沉沉地睡,直到太阳照进前舱。他时间观念特强,总会及时睁开眼睛。他向我点点头。我说:"好好睡,明天见。"

他只说:"回去吧。"

阿圆算得很准，她总是到近处的客栈来找我。每星期都来看爸爸，除了几次出差，到厦门，到昆明，到重庆。我总记着她飞机起飞和降落的时刻。她出差时，我梦也不做，借此休息。锺书上过几次吊针，体温又正常，精神又稍好，我们同在船上谈说阿圆。

我说："她真是'强爹娘、胜祖宗'。你开会发言还能对付，我每逢开会需要发言，总吓得心怦怦跳，一句也不会说。阿圆呢，总有她独到的见解，也敢说。那几个会，她还是主持人。"

锺书叹口气说："咱们的圆圆是可造之材，可是……"

阿圆每次回来，总有许多趣事讲给我们听，填满了我不做梦留下的空白。我们经常在船上相聚，她的额头常和锺书的一样热烘烘，她也常常空声空气的咳嗽。我担心说："你该去看看病，你'打的'去，'打的'回。"她说，看过病了，是慢性支气管炎。

她笑着讲她挎着个大书包挤车，同车的一人嫌她，对她说："大妈，您怎么还不退休？"我说："挤车来往费时间，时间不是金钱，时间是生命，记着。你来往都'打的'。"阿圆说："'打的'常给堵死在街上，前不能前，退不能退，还不如公交车快。"

我的梦已经变得很沉重，但是圆圆出差回来，我每晚还是跟着她转。我看见我的女婿在我家打电话，安排阿圆做磁共振、做CT。我连夜梦魇。一个晚上，我的女婿在我家连连地打电话，为阿圆托这人，托那人，请代挂专家号。后来总算挂上了。

我疑疑惑惑地在古驿道上一脚一脚走。柳树一年四季变化最勤。秋风刚一吹，柳叶就开始黄落，随着一阵一阵风，落下一批又一批叶子，冬天都变成光秃秃的寒柳。春风还没有吹，柳条上已经发芽，远看着已有绿意；柳树在春风里，就飘荡着嫩绿的长条。然后蒙蒙飞絮，要飞上一两个月。飞絮还没飞完，柳树都已绿叶成荫。然后又一片片黄落，又变成光秃秃的寒柳。我在古驿道上，一脚一脚的，走了一年多。

4. 我为什么住在乡下？（节选）[①]

南黑森林一个开阔山谷的陡峭斜坡上，有一间滑雪小屋，海拔一千一百五十米。小屋仅六米宽，七米长。低矮的屋顶覆盖着三间房间：厨房兼起居室，卧室和书房。整个狭长的谷底和对面同样陡峭的山坡上，疏疏落落地点缀着农舍，再往上是草地和牧场，一直延伸到林子，那里古老的杉树茂密参天。这一切之上，是夏日明净的天空。两只苍鹰在这片灿烂的晴空里盘旋，舒缓、自在。

这便是我的"工作的世界"由观察者（访客和夏日度假者）的眼光所见的情况。严格说来，我自己从来不"观察"这里的风景。我只是在季节变换之际，日夜地体验它每一时刻的幻化。群山无言地庄重，岩石源始地坚硬，杉树缓慢精心地生长，花朵怒放的草地绚丽而又朴素的光彩，漫长的秋夜里山溪的奔涌，积雪的平坡肃穆的单一——所有的这些风物变幻，都穿透日常存在，在这里突现出来，不是在"审美的"沉浸或人为勉

[①] 《人，诗意地栖居：超译海德格尔》，郜元宝编译，北京时代华文书局，2017年，第96～99页。

强的移情发生的时候,而仅仅是在人自身的存在整个儿融入其中之际……

严冬的深夜里,暴风雪在小屋外肆虐,白雪覆盖了一切,还有什么时刻比此时此景更适合哲学思考呢?这样的时候,所有的追问必然会变得更加单纯而富有实质性。这样的思想产生的成果只能是原始而骏利的。那种把思想诉诸语言的努力,则像高耸的杉树对抗的风暴一样。

这种哲学思索可不是隐士对尘世的逃遁,它属于类似农夫劳作的自然过程。当农家少年将沉重的雪橇拖上山坡,扶稳橇把,推上高高的山毛榉,沿危险的斜坡运回坡下的家里;当牧人恍无所思,漫步缓行赶着他的牛群上山;当农夫在自己的棚屋里将数不清的盖屋顶用的木板整理就绪:这类情景和我的工作是一样的。思深深扎根于到场的生活,二者亲密无间。

城市里的人认为屈尊纡贵和农民作一番长谈就已经很不简单了。夜间工作之余,我和农民们一起烤火,或坐在"主人的角落"的桌边时,通常很少说话。大家在寂静中吸着烟斗,偶尔有人说起伐木工作快结束了,昨夜有只貂钻进了鸡棚,有头母牛可能早晨会产下牛犊,某人的叔伯害着中风,或者天气很快要"转"了。我的工作就是这样扎根于南黑森林,扎根于这里的人民几百年来未曾变化的生活的那种不可替代的大地的根基。

生活在城里的人一般只是从所谓的"逗留乡间"获得一点"刺激",我的工作却是整个儿被这群山和人民组成的世界所支持和引导。后来,我在小屋里的工作一次次被各种各样的研讨会、演讲邀请、会议和弗莱堡的教职所打断。然而,只要我一回到那里,甚至是在那小屋里"存在"的最初几个小时里,以前追问思索的整个世界就会以我离去时的原样重新向我涌来。我只是涌身进入工作自身的节奏,从根本意义上讲,我自己并不能操纵它的隐蔽的命令。城里人总担心,在山里和农民呆那么长时间,生活一无变化,人会不会觉得寂寞?其实,在这里体会到的不是寂寞,而是孤独。大都市中,人们像在其他地方一样,并不难感到寂寞,但绝对想象不出这份孤独。孤独有某种特别的源始的魔力,不是孤立我们,而是将我们整个存在抛入所有到场事物本质而确凿的近处。

在公众社会里,人可以靠报纸记者的宣传,一夜间成为名人。这是造成一个人本己的意愿被曲解并很快被彻底遗忘的最确定无疑的遭际了。

相反,农民的记忆有其朴素明确永志不忘的忠实性。前些时候,那里的一位农妇快要去世了。她平日很爱同我聊天,告诉我许多村子里古老的传说。她的质朴无文的谈吐充满了丰富的想象。她还在使用村里许多年轻人不再熟悉很快就会湮没的不少古字和习语。去年,我独自在小屋里接连住过几个星期。那阵子,这位农妇经常不顾八十三岁高龄,爬上高坡来看我。照她自己说,她一次次来,不过是想看看我是否还在那儿,或者,是否"有人"突然把我的小屋洗劫一空。整个弥留之夜,她都在跟家人谈话。就在生命最后一刻前一个半钟头,她还要人向那个"教授"致意。这样的记忆,胜过任何国际性报刊对据说是我的哲学思想的聪明的报导。

都市社会面临着堕入一种毁灭性的错误的危险。都市人想到农民的世界和存在时,常常有意把他们那种其实非常顽固的炫耀姿态暂时收敛一番,殊不知这与他们心底里的实情——和农民的生活尽量疏远,听任他们的存在一如既往,不逾旧轨,对学究们言不由衷的关于"民风""土地的根基"的长篇大论嗤之以鼻——又自相矛盾了。农民可不需要也不想要这种城市派头的好管闲事。他们所需所想的是对其存在与自主的静谧生活的维系。但是今天许多城里人（比如那些个滑雪者）在村子里，在农民的家里，行事往往就跟他们在城市的娱乐区"找乐子"一样。这种行为一夜之间破坏的东西比几百年来关于民俗民风的博学炫耀所能毁坏的还要多。

让我们抛开这些屈尊俯就的熟悉和假冒的对"乡人"的关心，学会严肃地对待那里的源始单纯的生存吧！惟其如此，那种源始单纯的生存才会重新向我们言说它自己。

5. Of Studies[①]

Studies serve for delight, for ornament, and for ability. Their chief use for delight, is in privateness and retiring; for ornament, is in discourse; and for ability, is in the judgment, and disposition of business. For expert men can execute, and perhaps judge of particulars, one by one; but the general counsels, and the plots and marshalling of affairs, come best, from those that are learned. To spend too much time in studies is sloth; to use them too much for ornament, is affectation; to make judgment wholly by their rules, is the humor of a scholar. They perfect nature, and are perfected by experience: for natural abilities are like natural plants, that need proyning, by study; and studies themselves, do give forth directions too much at large, except they be bounded in by experience. Crafty men contemn studies, simple men admire them, and wise men use them; for they teach not their own use; but that is a wisdom without them, and above them, won by observation. Read not to contradict and confute; nor to believe and take for granted; nor to find talk and discourse; but to weigh and consider.

Some books are to be tasted, others to be swallowed, and some few to be chewed and digested; that is, some books are to be read only in parts; others to be read, but not curiously; and some few to be read wholly, and with diligence and attention.

Some books also may be read by deputy, and extracts made of them by others; but that would be only in the less important arguments, and the meaner sort of books, else distilled books are like common distilled waters, flashy things. Reading makes a full man; conference a ready man; and writing an exact man. And therefore, if a man write little, he had need have a great memory; if he confer little, he had need have a present wit: and if he read little, he had need have much cunning, to seem to know, that he doth not. Histories make men wise; poets witty; the mathematics subtile; natural philosophy deep; moral grave; logic and rhetoric able to contend. Abeunt studia in

---

[①] Francis Bacon：Of Studies，载蒙日等：《美丽英文——世界上最优美的散文》，张悦译，黑龙江人民出版社，2007年，第6页。

mores. Nay, there is no stond or impediment in the wit, but maybe wrought out by fit studies; like as diseases of the body, may have appropriate exercises. Bowling is good for the stone and reins; shooting for the lungs and breast; gentle walking for the stomach; riding for the head; and the like. So if a man's wit be wandering, let him study the mathematics; for in demonstrations, if his wit be called away never so little, he must begin again. If his wit be not apt to distinguish or find differences, let him study the schoolmen; for they are cymini sectores. If he be not apt to beat over matters, and to call up one thing to prove and illustrate another, let him study the lawyers' cases. So every defect of the mind, may have a special receipt.

第十一单元

1. 将进酒[①]

君不见黄河之水天上来，奔流到海不复回。
君不见高堂明镜悲白发，朝如青丝暮成雪。
人生得意须尽欢，莫使金樽空对月。
天生我材必有用，千金散尽还复来。
烹羊宰牛且为乐，会须一饮三百杯。
岑夫子，丹丘生，将进酒，君莫停。
与君歌一曲，请君为我倾耳听。
钟鼓馔玉不足贵，但愿长醉不愿醒。
古来圣贤皆寂寞，唯有饮者留其名。
陈王昔时宴平乐，斗酒十千恣欢谑。
主人何为言少钱，径须沽取对君酌。
五花马，千金裘，呼儿将出换美酒，
与尔同销万古愁。

2. 钟嵘诗品（节选）[②]

诗品序

气之动物，物之感人，故摇荡性情，形诸舞咏。照烛三才，晖丽万有，灵祇待之以致飨，幽微藉之以昭告。动天地，感鬼神，莫近于诗。

昔《南风》之词，《卿云》之颂，厥义复矣。夏歌曰："郁陶乎予心。"楚谣曰："名余曰正则。"虽诗体未全，然是五言之滥觞也。

逮汉李陵，始著五言之目。古诗眇邈，人世难详。推其文体，固是炎汉之制，非衰

[①] 《李白诗选》，周沁影、迟乃鹏选注，巴蜀书社，2008年，第34~35页。
[②] 钟嵘：《诗品》，古直笺，许文雨讲疏，杨焄辑校，上海古籍出版社，2020年，第1~4页。

周之倡也。

自王、扬、枚、马之徒，词赋竞爽，而吟咏靡闻。从李都尉迄班婕妤，将百年间，有妇人焉，一人而已。诗人之风，顿已缺丧。东京二百载中，惟有班固《咏史》，质木无文。

降及建安，曹公父子，笃好斯文；平原兄弟，郁为文栋；刘桢、王粲，为其羽翼；次有攀龙托凤，自致于属车者，盖将百计。彬彬之盛，大备于时矣。是后陵迟衰微，迄于有晋。太康中，三张、二陆、两潘、一左，勃尔复兴，踵武前王，风流未沫，亦文章之中兴也。

永嘉时，贵黄老，稍尚虚谈。于时篇什，理过其辞，淡乎寡味。爰及江表，微波尚传。孙绰、许询、桓、庾诸公诗，皆平典似《道德论》，建安风力尽矣。

先是郭景纯用俊上之才，变创其体；刘越石仗清刚之气，赞成厥美。然彼众我寡，未能动俗。

逮义熙中，谢益寿斐然继作。元嘉中，有谢灵运，才高词盛，富艳难踪，固已含跨刘、郭，陵轹潘、左。

故知陈思为建安之杰，公幹、仲宣为辅；陆机为太康之英，安仁、景阳为辅；谢客为元嘉之雄，颜延年为辅。斯皆五言之冠冕，文词之命世也。

夫四言，文约意广，取效《风》、《骚》，便可多得。每苦文繁而意少，故世罕习焉。五言居文词之要，是众作之有滋味者也，故云会于流俗。岂不以指事造形，穷情写物，最为详切者邪？

故诗有三义焉，一曰兴，二曰比，三曰赋。文已尽而义有馀，兴也；因物喻志，比也；直书其事，寓言写物，赋也。弘斯三义，酌而用之，干之以风力，润之以丹彩，使味之者无极，闻之者动心，是诗之至也。

若专用比兴，则患在意深，意深则词踬；若但用赋体，则患在意浮，意浮则文散，嬉成流移，文无止泊，有芜漫之累矣。

若乃春风春鸟，秋月秋蝉，夏云暑雨，冬月祁寒，斯四候之感诸诗者也。嘉会寄诗以亲，离群托诗以怨。至于楚臣去境，汉妾辞宫；或骨横朔野，或魂逐飞蓬；或负戈外戍，杀气雄边，塞客衣单，孀闺泪尽；又士有解佩出朝，一去忘返；女有扬蛾入宠，再盼倾国。凡斯种种，感荡心灵，非陈诗何以展其义？非长歌何以骋其情？故曰："《诗》可以群，可以怨。"使穷贱易安，幽居靡闷，莫尚于诗矣。

故词人作者，罔不爱好。今之士俗，斯风炽矣。才能胜衣，甫就小学，必甘心而驰骛焉。于是庸音杂体，人各为容。至使膏腴子弟，耻文不逮，终朝点缀，分夜呻吟。独观谓为警策，众睹终沦平钝。次有轻薄之徒，笑曹、刘为古拙，谓鲍照羲皇上人，谢朓今古独步。而师鲍照，终不及"日中市朝满"；学谢朓，劣得"黄鸟度青枝"。徒自弃于高听，无涉于文流矣。

观王公缙绅之士，每博论之馀，何尝不以诗为口实。随其嗜欲，商榷不同，淄渑并泛，朱紫相夺，喧议竞起，准的无依。近彭城刘士章，俊赏之士，疾其淆乱，欲为当世诗品，口陈标榜，其文未遂，感而作焉。

昔九品论人，《七略》裁士，校以宾实，诚多未值。至若诗之为技，较尔可知。以类推之，殆均博弈。方今皇帝，资生知之上才，体沉郁之幽思，文丽日月，赏究天人。昔在贵游，已为称首。况八纮既奄，风靡云蒸，抱玉者联肩，握朱者踵武。固已瞰汉、魏而不顾，吞晋、宋于胸中。谅非农歌辕议，敢致流别。嵘之今录，庶周旋于闾里，均之于谈笑耳。

3. 胡同文化——摄影艺术集《胡同之没》序①

北京城像一块大豆腐，四方四正。城里有大街，有胡同。大街、胡同都是正南正北，正东正西。北京人的方位意识极强。过去拉洋车的，逢转弯处都高叫一声"东去！""西去！"以防碰着行人。老两口睡觉，老太太嫌老头子挤着她了，说"你往南边去一点。"这是外地少有的。街道如是斜的，就特别标明是斜街，如烟袋斜街、杨梅竹斜街。大街、胡同，把北京切成一个又一个方块。这种方正不但影响了北京人的生活，也影响了北京人的思想。

胡同原是蒙古语，据说原意是水井，未知确否。胡同的取名，有各种来源。有的是计数的，如东单三条、东四十条。有的原是皇家储存物件的地方，如皮库胡同、惜薪司胡同（存放柴炭的地方）。有的是这条胡同里曾住过一个有名的人物，如无量大人胡同、石老娘（老娘是接生婆）胡同。大雅宝胡同原名大哑巴胡同，大概胡同里曾住过一个哑巴。王皮胡同是因为有一个姓王的皮匠。王广福胡同原名王寡妇胡同。有的是某种行业集中的地方。手帕胡同大概是卖手帕的。羊肉胡同当初想必是卖羊肉的，有的胡同是像其形状的。高义伯胡同原名狗尾巴胡同。小羊宜宾胡同原名羊尾巴胡同。大概是因为这两条胡同的样子有点像羊尾巴、狗尾巴。有些胡同则不知道何所取义，如大绿纱帽胡同。

胡同有的很宽阔，如东总布胡同、铁狮子胡同。这些胡同两边大都是"宅门"，到现在房屋都还挺整齐。有些胡同很小，如耳朵眼胡同。北京到底有多少胡同？北京人说：有名的胡同三千六，没名的胡同数不清，通常提起"胡同"，多指的是小胡同。

胡同是贯通大街的网络。它距离闹市很近，打个酱油，约二斤鸡蛋什么的，很方便，但又似很远。这里没有车水马龙，总是安安静静的。偶尔有剃头挑子的"唤头"（像一个大镊子，用铁棒从当中擦过，便发出嚓的一声）、磨剪子磨刀的"惊闺"（十几个铁片穿成一串，摇动作声）、算命的盲人（现在早没有了）吹的短笛的声音。这些声音不但不显得喧闹，倒显得胡同里更加安静了。

胡同和四合院是一体。胡同两边是若干四合院连接起来的。胡同、四合院，是北京市民的居住方式，也是北京市民的文化形态。我们通常说北京的市民文化，就是指的胡同文化。胡同文化是北京文化的重要组成部分，即使不是最主要的部分。

胡同文化是一种封闭的文化。住在胡同里的居民大都安土重迁，不大愿意搬家。有在一个胡同里一住住几十年的，甚至有住了几辈子的。胡同里的房屋大都很旧了，"地

---

① 范培松、徐卓人编：《汪曾祺散文选集》，百花文艺出版社，1996年，第138~141页。

根儿"房子就不太好，旧房檩，断砖墙。下雨天常是外面大下，屋里小下。一到大雨，总可以听到房塌的声音，那是胡同里的房子。但是他们舍不得"挪窝儿"，——"破家值万贯"。

　　四合院是一个盒子。北京人理想的住家是"独门独院"。北京人也很讲究"处街坊"。"远亲不如近邻"。"街坊里道"的，谁家有点事，婚丧嫁娶，都得"随"一点"份子"，道个喜或道个恼，不这样就不合"礼数"。但是平常日子，过往不多，除了有的街坊是棋友，"杀"一盘；有的是酒友，到"大酒缸"（过去山西人开的酒铺，都没有桌子，在酒缸上放一块规成圆形的厚板以代酒桌）喝两"个"（大酒缸二两一杯，叫做"一个"）；或是鸟友，不约而同，各晃着鸟笼，到天坛城根、玉渊潭去"会鸟"（会鸟是把鸟笼挂在一处，既可让鸟互相学叫，也互相比赛），此外，"各人自扫门前雪，休管他人瓦上霜"。

　　北京人易于满足，他们对生活的物质要求不高。有窝头，就知足了。大腌萝卜，就不错。小酱萝卜，那还有什么说的。臭豆腐滴几滴香油，可以待姑奶奶。虾米皮熬白菜，嘿！我认识一个在国子监当过差，伺候过陆润庠、王垿寺祭酒的老人，他说："哪儿也比不了北京。北京的熬白菜也比别处好吃，——五味神在北京"。五味神是什么神？我至今考查不出来。但是北京人的大白菜文化却是可以理解的。北京人每个人一辈子吃的大白菜摞起来大概有北海白塔那么高。

　　北京人爱瞧热闹，但是不爱管闲事。他们总是置身事外，冷眼旁观。北京是民主运动的策源地，"民国"以来，常有学生运动。北京人管学生运动叫做"闹学生"。学生示威游行，叫做"过学生"。与他们无关。

　　北京胡同文化的精义是"忍"。安分守己、逆来顺受。老舍《茶馆》里的王利发说："我当了一辈子的顺民"，是大部分北京市民的心态。

　　我的小说《八月骄阳》里写到"文化大革命"，有这样一段对话：

　　　　"还有个章法没有？我可是当了一辈子安善良民，从来奉公守法。这会儿，全乱了。我这眼面前就跟'下黄土'似的，简直的。分不清东西南北了。"
　　　　"您多余操这份儿心。粮店还卖不卖棒子面？"
　　　　"卖！"
　　　　"还是的。有棒子面就行。……"

　　我们楼里有个小伙子，为一点事，打了开电梯的小姑娘一个嘴巴。我们都很生气，怎么可以打一个女孩子呢！我跟两个上了岁数的老北京（他们是"搬迁户"，原来是住在胡同里的）说，大家应该主持正义，让小伙子当众向小姑娘认错，这二位同声说："叫他认错？门儿也没有！忍着吧！——'穷忍着，富耐着，睡不着眯着'！""睡不着眯着"这话实在太精彩了！睡不着，别烦躁，别起急，眯着北京人，真有你的！

　　北京的胡同在衰败，没落。除了少数"宅门"还在那里挺着，大部分民居的房屋都已经很残破，有的地基柱甚至已经下沉，只有多半截还露在地面上。有些四合院门外还保存已失原形的拴马桩、上马石，记录着失去的荣华。有打不上水来的井眼、磨圆了棱角的石头棋盘,供人凭吊。西风残照,衰草离披,满目荒凉,毫无生气。

看看这些胡同的照片,不禁使人产生怀旧情绪,甚至有些伤感。但是这是无可奈何的事。在商品经济大潮的席卷之下,胡同和胡同文化总有一天会消失的。也许像西安的虾蟆陵,南京的乌衣巷,还会保留一两个名目,使人怅望低徊。

再见吧,胡同。

4. 论自立(节选)[①]

……

每个人在求知的过程中都会有一段时期,坚信这样的道理:嫉妒即是无知的表现,仿效他人就等同于自毁前程;思想由心而生,无论会将其引至更好,或更坏的境地,都将成为其人生不可或缺的一部分;虽然广阔的宇宙不乏美事,但不经过辛勤的劳作,就想等着玉米大获丰收是根本不可能的事情。隐藏在一个人身上的潜能是怎样的,完全取决于自身的天赋,那是一种全新的力量,除非他本人将自身的长处展现出来,否则,不会有人知道他究竟能有怎样的成就,而且不经过一番尝试,就连他自己也无法弄清自己究竟有什么本领。也许一张面孔、一个人、一件事情会在他的脑海中留下深刻的印象,但别人却丝毫不曾留意。记忆的雕塑一定蕴涵着一种预定的和谐。只有把目光投向光线可能出现的地方,才有可能察觉到光线的到来。我们常常不能充分地表达自己的思想,而且对自己内心深处的真理羞于开口。事实上,也许我们的思想恰好完全合情合理,甚至堪称至理名言。因此,我们应该毫无顾忌地直抒胸臆。不过,上帝绝不会让一个懦夫来表达他的意志。当一个人做事时能够竭尽所能,力求做到最好时,就能够得到真正的宽慰与欢乐,否则,他将永远得不到内心的平静,也无法得到灵魂的解脱。最终,他的天赋会弃他而去,灵感也不再眷顾于他,创造力与希望也同样会一去不复返。

与任何一种思想一样,那些美好的、有益的、伟大的,以及新奇的思想也同样存在于我们每个人的头脑中。

坚守自己的思想,切忌模仿。一生的辛勤劳作所积蓄的力量,足以助你在每一刻都能将自己的天赋以最完美的方式展现出来。可是,如果你仅仅沿袭了他人的思想,那么它只会在你心中做短暂的停留,你永远也无法真正拥有它。一个人的长处,是造物主赋予的,除非他将自己所擅长的东西展现出来,否则不会有人知道他究竟有怎样的长处。莎士比亚的授业恩师是谁?又是哪位大师造就了富兰克林、华盛顿、培根,以及牛顿呢?每一个伟大人物都具有独一无二的特点。西庇阿的西庇阿主义是常人无法模仿的。对莎士比亚的研究无法造就另外一个莎士比亚。做好自己分内的事情,做人不要太过奢求,也不要贸然尝试。对于你,此刻就有一句箴言,无畏而恢弘,如同菲迪亚斯的巨凿、埃及人的泥铲、摩西或但丁的手笔,然而这一切却都不尽相同。心灵不可能丰富到

[①] 爱默生:《论自立(节选)》,蒙田等:《美丽英文——世界上最优美的散文》,张悦译,黑龙江人民出版社,2007年,第134~136页。

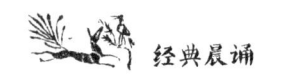

没有任何缺陷，雄辩再精彩，多说也会出现重复的语句，但是，如果你能聆听前辈所言，就一定会以他们的说话方式来做出答复，因为耳朵与舌头是同一属性的两种器官。要做到身处质朴而又崇高的境界，遵循自己的思想，你就能再创历史。

……

一些懂得现代文明的人，也许会为自己造一辆车，然而，与他人相比，他走路的机会相对少了；使用手杖走路的人，肌肉运动也会相对减少；拥有高级瑞士表的人，会失去用太阳判断时间的能力；拥有格林威治航海天文年历的人，想要得到的知识全都可以在书中找到，可是走在街上的他却未必知道天上正在闪闪发亮的星星叫什么，也不知道如何用自然知识判断昼夜平分的至日——手持历法的他脑中已不再有任何自然常识了；依靠笔记本记录东西的人，头脑的记忆力就会下降。

所以，对财产的依赖，包括对保护财产的政府的依赖，也同样是缺乏自立的一种表现。人们已不再关注自身，而把精力投入到物质上去，于是，他们将宗教、学术团体以及政府机构视为其财产的守护者。他们反对对守护者的任何攻击，因为在他们看来，这无异于对他们财产的非议。他们衡量相互尊重的标准不是通过一个人的本质，而是看这个人是否拥有什么财产。但是，真正有教养的人却在此时对自己的本性进行重新审视，出于对自身本性的尊重，他们开始以财产为耻。如果他们拥有的财产是意外所获——通过继承、馈赠，甚至是非法手段所得，那么他们会十分憎恶所拥有的财产；因为这一切仅仅是不劳而获，根本不属于自己，它们之所以为自己所拥有，是因为尚未有革命者或强盗来将其夺走。但是，人的生存离不开另一种"必需品"，那是一种更鲜活的财产，这种财产不会受限于统治者、暴徒、革命、火灾、风暴，或破产，它们可以不断地自我更新，与人们同呼吸、共命运。哈理发·阿里说得好："不必刻意去追寻自己的命运，它自然会去找你。"我们过分依赖外在的东西会导致我们盲目地推崇数量。政党们的会议越开越多；集会的次数越来越多。由此喧嚣四起：来自埃塞克斯的代表！来自新罕布什尔州的民主党代表！来自缅因州的辉格党代表！当无数目光汇聚到一点，无数只手臂在朝他挥舞时，年轻的爱国者越发觉得自己比以往任何时候都更加强大。改革家们也在以同样的方式召开会议，无以计数的选票，数不胜数的裁决。哦，我的朋友们，不能再这样下去了！难道只有用这种方法才能让上帝永驻你的心灵，与你同在吗？事实恰好相反。只有当人们放弃所有外援，独立自主，才能真正变得坚强起来，并最终走向成功。老板每招募一位新员工到自己的旗下，他就会变得更加无能。难道一个人还不如一座城镇吗？放弃外援，历经了千变万化之后，你真正的支柱必定会出现，为你撑起一切。那些懂得力量与生俱来、懂得懦弱来自寻求外援的人，在认识到这一点之后，便会毫不迟疑地依靠自己的思想，不断完善自己，堂堂正正做人，做自己的支配者，只有这样，才能够创造奇迹。正如依靠双脚走路的人要比倒立行进的人更稳健一样。

所以，请充分利用那个被称作"命运"的东西吧。只要按照上帝的旨意去辛勤劳作，你一定会有所收获。政治上的成功、收益的增加、疾病的消退、故友的重新归来，或是其他一些乐事，都会使你感到精神振奋，你会觉得美好的未来正在向你招手。可是，千万不要持有这种想法，因为除了你自己，除了必胜的原则，没有什么能够带给你真正的安宁。

5. Of Friendship[①]

…

There is nothing to which nature has more addressed us than to society. And Aristotle says that perfect law-givers have had more regardful care of friendship than of justice. And the utmost drift of its perfection is this. For generally, all those amities which are forged and nourished by voluptuousnesse of profit, public or private need, are thereby so much the less fair and generous, and so much the less true amities, in that they intermeddle other causes, scope, and fruit with friendship, than itself alone.

Nor doe those four ancient kinds of friendships, Naturall, social, hospitable, and venerial, either particularly or conjointly beseem the same.

…

Those we ordinarily call friends and amities, are but acquaintances and familiarities, tied together by some occasion or commodities, by means whereof our mindes are entertained. In the amity I speak of, they entermix and confound themselves one in the order, with so universal a commixture, that they weave out and can no more find the seam that has conjoined them together. If a man urge me to tell wherefore I loved him, I feel it cannot be expressed, but by answering; Because it was he, because it was myself.

I know not what inexplicable and fatal power is a mean and media of this indissoluble union. We sought one another before we had seen one another, and by the reports we heard one of another, which wrought a greater violence in us, than the reason of reports may well bear; I think by some secret ordinance of the heavens, we embraced one another by our names. And at our first meeting, which was by chance at a great feast, and solemn meeting of a whole township, we found ourselves so surprised, so known, so acquainted, and so combinedly bound together, that from thence forward, nothing was so near unto us as one unto anothers. He wrote an excellent Latin Saire since published; by which he excuses and expounds the precipitation of our acquaintance, so suddenly come to her perfection; Sit hence it must continue so short a time, and begun so late (for we were both grown men, and he some years older than myself) there was no time to be lost. And it was not to be modeled or directed by the patern of regular and remiss friendship, wherein so many precautions of a long conversation are required. This has no other idea than of itself, and can have no

---

[①] Montaigne: Of Friendship, 载蒙田等:《美丽英文——世界上最优美的散文》,张悦译,黑龙江人民出版社, 2007 年,第 85~88 页。

reference but to itself. It is not one especial consideration, nor two, nor three, nor four, nor a thousand: It is I will not what kind of quintessence, of all this commixture, which having seized all my will, induced the same to plunge and lose it selfe in his, which likewise having seized all his will, brought it to lose and plunge it selfe in mine, with a mutual greediness, and with a semblable concurrance. I may truly say, lose, reserving nothing unto us, that might properly be called our own, nor that was either his or mine.

When Lelius in the presence of the Romane Consuls, who after the condemnation of Tiberius Gracchus, pursued all those that had been of his acquaintance, came to enquire of Caius Blosius (Who was one of his chief friends) what he would have done for him, and that he answered, "All things." "What, all things?" replied he. "And what if he had willed thee to burne our temples?" Blosius answered, "He would never have commanded such a thing." "But what if he had done it?" replied Lelius. The other answered, "I would have obeyed him." If he were so perfect a friend to Gracchus as history's report, he needed not offend the Consuls with this last and bold confession, and should not have departed from the assurance he had of Gracchus his mind. But yet those who accuse this answer as seditious, understand not well this mystery: and do not presuppose in what terms he stood, and that he held Gracchus his will in his sleeve, both by power and knowledge. Having absolutely committed themselves one to another, they perfectly held the reins of one anothers inclination: and let this yoke be guided by virtue and conduct of reason. The answer of Blosius was such as it should be. If their affections miscarried, according to my meaning, they were neither friends one to other, nor friends to themselves. As for the rest, this answer sounds no more than mine would do, to him that would in such sort enquire of me; if your will should command you to kill your daughter, would you do it? And that I should consent unto it: for, that heart no witnesse of consent to do it: because I am not in doubt of my will, and as little of such a friend's will. It is not in the power of the worlds discourse to remove me from the certainty I have of his intentions and judgments of mine: no one of its actions might be presented unto me, under what shape soever, but I would presently find the spring and motion of it. Our mindes have jumped so unitedly together, they have with so fervent an affection considered of each other, and with like affection so discovered and sounded, even to the very bottom of each others heart and entrails, that I did not only know his, as well as mine own, but would rather have trusted him concerning any matter of mine than myself.

Let no man compare any of the other common friendships to this. I have as much knowledge of them as another, yea of the perfect of their kind; yet will I not persuade any man to confound their rules, for so a man might be deceived. In these other strict friendships a man must march with the bridle of wisdome and precaution in his hand:

the bond is not so strictly tied but a man may in some sort distrust the same. As Chilon said: "Love him as if you should one day hate him again. Hate him as if you should love him again." This precept, so abominable in this sovereign amity, is necessary and wholesome in the use of vulgar and customarie friendships: Toward which a man must employ the saying Aristotle was wont so often repeat, "Oh ye friends, there is no perfect friend."

In this noble commerce, offices and benefits (nurses of other amities) deserve not so much as to be accounted of: this confusion so full of our wills is cause of wills. For even as the friendship I bear unto myself, admits no increase, by any succor I give myself in any time of need, whatsoever the stoics allege; and as I acknowledge no thanks unto myself for any service I do unto myself so the union of such friends, being truly of perfect, makes them lose the feeling of such duties, and hate, and expel from one another these words of division and difference: benefit, good deed, duty, obligation, acknowledgement, prayer, thanks, and such their like. All things, wills, thoughts, judgements, goods, wives, children, honour, and life being no other than one soul in two bodies, according to the fit definition of Aristotle, they can neither lend or give ought to each other. See here the reason why lawmakers, to honour marriage with some imaginary resemblance of this divine bond, inhibit donations between husband and wife; meaning thereby to infer, that all things should peculiarly be proper to each of them, and that they have nothing to divide and share together. If in the friendship whereof I speak, one might give unto another, the receiver of the benefit should bind his fellow. For each seeking more than any other thing to do each other good, he who yields both matter and occasion, is the man shows himself liberal, giving his friend that contentment, to effect towards him what he desires most. When the Philosopher Diogenes wanted money, he was wont to say that he redemanded the same of his friends, and not that he demanded it. And to show how that is practiced by effect, I will relate an ancient singular example.

Eudamidas the Corinthian had two friends: Charixenus a Sycionian, and Aretheus a Corinthian; being upon his death-bed, and very poor, and his two friends very rich, thus made his last will and testament: "To Aretheus, I bequeath the keeping of my mother, and to maintaine her when she shall be old: To Charixenus the marrying of my daughter, and to give her as great a dowry as he may: and in case one of them shall chance to die before, I appoint the survivor to substitute his charge, and supply his place." Those that first saw this testament laughed and mocked at the same; but his heirs being advertised thereof, were very well pleased, and received it with singular contentment. And Charixenus, one of them, dying five dayes after Eudamidas, the substitution being declared in favour of Aretheus, he carefully and very kindly kept and maintained his mother, and of the five talents that he was worth he gave two and a half in marriage to one only daughter he had, and the other two and a half to the daughter

...

In confederacies, which hold but by one end, men have nothing to provide for, but for the imperfections, which particularly do interest and concern that end and respect. It is no great matter what religion my Physician or Lawyer is of: this consideration hath nothing in common with the offices of that friendship they owe me. So do I in the familiar acquaintances that those who serve me contract with me. I am nothing inquisitive whether a lackey be chaste or no, but whether he be diligent: I fear not a gaming muleteer, so much as if he be weak; nor a hot swearing Cook, as one that is ignorant and unskillful; I never meddle with saying what a man should do in the world; there are over man others that do it; but what myself do in the world.

Concerning familiar table-talk, I rather acquaint myself with and follow a merry conceited humour, than a wise man: And in bed I rather prefer beauty than goodness; and in society or conversation of familiar discourse, I respect rather sufficiency though without sincerity, and so of all things else.

...

Ancient Menander accounted him happy that had but met the shadow of a true friend: verily he had reason to say so, especially if he had tasted of any: for truly, if I compare all the rest of my forepassed life, which although I have, by the merecy of God, past at rest and ease, and except the lose of so dear a friend, free from all grievous affliction, with an ever-quietnesse of mind, as one that have taken my natural and original commodities in good payment, without searching any others: if, as I say, I compare it all unto the foure yeares I so happily enjoyed the dear society of that worthy man, it is nought but a vapor, nought but a dark and irksome light.

Since the time I lost him, I do but languish, I do but sorrow: and even those pleasures, all things present me with, instead of yielding me comfort, doe but redouble the grief of his lose. We were copartners in all things. All things were with us at half; I think I have stolen his part from him. I was so accustomed to be ever two, and so inured to be never single, that I thinks I am but half myself.

There is no action can betide me, or imagination possesse me, but I hear him saying, as indeed he would have done to me; for even as he did excel me by an infinite distance in all other sufficiency and vertues, so did he in all offices and duties of friendship.

...

第十二单元

1. 春江花月夜[①]

春江潮水连海平，海上明月共潮生。
滟滟随波千万里，何处春江无月明。
江流宛转绕芳甸，月照花林皆似霰。
空里流霜不觉飞，汀上白沙看不见。
江天一色无纤尘，皎皎空中孤月轮。
江畔何人初见月？江月何年初照人？
人生代代无穷已，江月年年只相似。
不知江月待何人，但见长江送流水。
白云一片去悠悠，青枫浦上不胜愁。
谁家今夜扁舟子？何处相思明月楼？
可怜楼上月徘徊，应照离人妆镜台。
玉户帘中卷不去，捣衣砧上拂还来。
此时相望不相闻，愿逐月华流照君。
鸿雁长飞光不度，鱼龙潜跃水成文。
昨夜闲潭梦落花，可怜春半不还家。
江水流春去欲尽，江潭落月复西斜。
斜月沉沉藏海雾，碣石潇湘无限路。
不知乘月几人归，落月摇情满江树。

2. 论佛骨表[②]

臣某言：伏以佛者，夷狄之一法耳，自后汉时流入中国，上古未尝有也。昔者黄帝

[①] 张若虚：《春江花月夜》，载上海辞书出版社文学鉴赏辞典编纂中心编：《历代咏春诗鉴赏·春江花月夜》，上海辞书出版社，2009年，第24~25页。

[②] 张浩逊、都冬云、储建明编著：《文史合璧 隋唐五代卷》，金振华、陈桂声主编，苏州大学出版社，2016年，第161~163页。

在位百年，年百一十岁；少昊在位八十年，年百岁；颛顼在位七十九年，年九十八岁；帝喾在位七十年，年百五岁；帝尧在位九十八年，年百一十八岁；帝舜及禹，年皆百岁。此时天下太平，百姓安乐寿考，然而中国未有佛也。其后殷汤亦年百岁，汤孙太戊在位七十五年，武丁在位五十九年，书史不言其年寿所极，推其年数，盖亦俱不减百岁。周文王年九十七岁，武王年九十三岁，穆王在位百年。此时佛法亦未入中国，非因事佛而致然也。

汉明帝时，始有佛法，明帝在位，才十八年耳。其后乱亡相继，运祚不长。宋、齐、梁、陈、元魏已下，事佛渐谨，年代尤促。惟梁武帝在位四十八年，前后三度舍身施佛，宗庙之祭，不用牲牢，昼日一食，止于菜果，其后竟为侯景所逼，饿死台城，国亦寻灭。事佛求福，乃更得祸。由此观之，佛不足事，亦可知矣。

高祖始受隋禅，则议除之。当时群臣材识不远，不能深知先王之道，古今之宜，推阐圣明，以救斯弊，其事遂止，臣常恨焉。伏惟睿圣文武皇帝陛下，神圣英武，数千百年已来，未有伦比。即位之初，即不许度人为僧尼道士，又不许创立寺观。臣常以为高祖之志，必行于陛下之手，今纵未能即行，岂可恣之转令盛也？

今闻陛下令群僧迎佛骨于凤翔，御楼以观，舁入大内，又令诸寺递迎供养。臣虽至愚，必知陛下不惑于佛，作此崇奉，以祈福祥也。直以年丰人乐，徇人之心，为京都士庶设诡异之观，戏玩之具耳。安有圣明若此，而肯信此等事哉！然百姓愚冥，易惑难晓，苟见陛下如此，将谓真心事佛，皆云："天子大圣，犹一心敬信；百姓何人，岂合更惜身命！"焚顶烧指，百十为群，解衣散钱，自朝至暮，转相仿效，惟恐后时，老少奔波，弃其业次。若不即加禁遏，更历诸寺，必有断臂脔身以为供养者。伤风败俗，传笑四方，非细事也。

夫佛本夷狄之人，与中国言语不通，衣服殊制；口不言先王之法言，身不服先王之法服；不知君臣之义，父子之情。假如其身至今尚在，奉其国命，来朝京师，陛下容而接之，不过宣政一见，礼宾一设，赐衣一袭，卫而出之于境，不令惑众也。况其身死已久，枯朽之骨，凶秽之馀，岂宜令入宫禁？

孔子曰："敬鬼神而远之。"古之诸侯，行吊于其国，尚令巫祝先以桃茢祓除不祥，然后进吊。今无故取朽秽之物，亲临观之，巫祝不先，桃茢不用，群臣不言其非，御史不举其失，臣实耻之。乞以此骨付之有司，投诸水火，永绝根本，断天下之疑，绝后代之惑。使天下之人，知大圣人之所作为，出于寻常万万也。岂不盛哉！岂不快哉！佛如有灵，能作祸祟，凡有殃咎，宜加臣身，上天鉴临，臣不怨悔。无任感激恳悃之至，谨奉表以闻。臣某诚惶诚恐。

3. 我和外国文学（节选）[①]

要想谈我和外国文学，简直像"一部十七史，不知从何处谈起"。

[①] 季羡林：《天雨曼陀罗：季羡林散文》，浙江文艺出版社，2014年，第247~249页。

我从小学时期起开始学习英文，年龄大概只有十岁吧。当时我还不大懂什么是文学，只朦朦胧胧地觉得外国文很好玩而已。记得当时学英文是课余的，时间是在晚上。现在留在我的记忆里的只是在夜课后，在黑暗中，走过一片种满了芍药花的花畦，紫色的芍药花同绿色的叶子化成了一个颜色，清香似乎扑入鼻官。从那以后，在几十年的漫长的岁月中，学习英文总同美丽的芍药花联在一起，成为美丽的回忆。

到了初中，英文继续学习。学校环境异常优美，紧靠大明湖，一条清溪流经校舍。到了夏天，杨柳参天，蝉声满园。后面又是百亩苇绿，十里荷香，简直是人间仙境。我们的英文教员水平很高，我们写的作文，他很少改动，而是一笔勾销，自己重写一遍。用力之勤，可以想见。从那以后，我学习英文又同美丽的校园和一位古怪的老师联在一起，也算是美丽的回忆吧。

到了高中，自己已经十五六岁了，仍然继续学英文，又开始学了点德文。到了此时，才开始对外国文学发生兴趣。但是这个启发不是来自英文教员，而是来自国文教员。高中前两年，我上的是山东大学附设高中。国文教员王崐玉先生是桐城派古文作家，自己有文集。后来到山东大学做了讲师。我们学生写作文，当然都用文言文，而且尽量模仿桐城派的调子。不知怎么一来，我的作文竟受到他的垂青。什么"亦简练，亦畅达"之类的评语常常见到，这对于我是极大的鼓励。

高中最后一年，我上的是山东济南省立高中。经过了五卅惨案，学校地址变了，空气也变了，国文老师换成了董秋芳（冬芬）、夏莱蒂、胡也频等等，都是有名的作家。胡也频先生只教了几个月，就被国民党通缉，逃到上海，不久就壮烈牺牲。以后是董秋芳先生教我们。他是北大英文系毕业，曾翻译过一本短篇小说集《争自由的波浪》，鲁迅写了序言。他同鲁迅通过信，通信全文都收在《鲁迅全集》中。他虽然教国文，却是外国文学出身，在教学中自然会讲到外国文学的。我此时写作文都改用白话，不知怎么一来，我的作文又受到董老师的垂青。他对我大加赞誉，在一次作文的评语中，他写道，我同另一个同级王峻岭（后来入北大数学系）是全班、全校之冠。这对一个十七八岁的青年来说，更是极大的鼓励。从那以后，虽然我思想还有过波动，也只能算是小插曲。我学习文学，其中当然也有外国文学的决心，就算是确定下来了。

在这时期，我曾从日本东京丸善书店订购过几本外国文学的书。其中一本是英国作家吉卜林的短篇小说。我曾着手翻译过其中的一篇，似乎没有译完。当时一本洋书值几块大洋，够我一个月的饭钱。我节衣缩食，存下几块钱，写信到日本去订书，书到了，又要跋涉十几里路到商埠去"代金引换"。看到新书，有如贾宝玉得到通灵宝玉，心中的愉快，无法形容。总之，我的兴趣已经确定，这也就确定了我以后学习和研究的方向。

考上清华以后，在选择系科的时候，不知是由于什么原因，我曾经一阵心血来潮，想改学数学或者经济。要知道我高中读的是文科，几乎没有学过数学。入学考试数学分数不到十分。这样的成绩想学数学岂非滑天下之大稽！愿望当然落空。一度冲动之后，我的心情立即平静下来：还是老老实实，安分守己，学外国文学吧。

清华大学西洋文学系，实际上是以英国文学为主，教授，不管是哪一国人，都用英语讲授。但是又有一个古怪的规定：学习英、德、法三种语言中任何一种，从一年级学

111

到四年级，就叫什么语的专门化。

　　德文和法文从字母学起，而大一的英文一上来就念 J. 奥斯丁的《傲慢与偏见》，可见英文的专门化同法文和德文的专门化，完全是不可同日而语的。四年的课程有文艺复兴文学、中世纪文学、现代长篇小说、莎士比亚、欧洲文学史、中西诗之比较、英国浪漫诗人、中古英文、文学批评等等。教大一英文的是叶公超，后来当了国民党的外交部长。教大二的是毕莲（Miss Bille），教现代长篇小说的是吴可读（英国人），教东西诗之比较的是吴宓，教中世纪文学的是吴可读，教文艺复兴文学的是温特（Winter），教欧洲文学史的是翟孟生（Jameson），教法文的是 Holland 小姐，教德文的是杨丙辰、艾克（Ecke）、石坦安（Vonden Steinen）。这些外国教授的水平都不怎么样，看来都不是正途出身，有点野狐谈禅的味道。费了四年的时间，收获甚微。我还选了一些其他的课，像朱光潜的文艺心理学，陈寅恪的佛经翻译文学，朱自清的陶渊明诗等等，也曾旁听过郑振铎和谢冰心的课。这些课程水平都高，至今让我忆念难忘的还是这一些课程，而不是上面提到的那一些"正课"。

4. 黑洞是如何形成的（节选）[①]

　　1928 年，一位印度研究生——萨拉玛尼安·昌德拉塞卡——乘船来英国剑桥跟英国天文学家兼广义相对论家阿瑟·爱丁顿爵士学习。（据记载，在 20 世纪 20 年代初，有一位记者告诉爱丁顿，说他听说世界上只有 3 个人能理解广义相对论。爱丁顿停顿了一下，然后回答："我正在想这第三个人是谁？"）在从印度来英国的旅途中，昌德拉塞卡算出了在耗尽所有燃料之后，多大的恒星仍然可以对抗自己的引力而维持本身。这个思想是说：当恒星变小时，物质粒子相互靠得非常近，而按照泡利不相容原理，它们必须有非常不同的速度。这使得它们相互散开并企图使恒星膨胀。因此，一颗恒星可因引力的吸引和不相容原理引起的排斥达到的平衡，而保持其半径不变，正如同在它的生命的早期引力被热平衡一样。

　　然而，昌德拉塞卡意识到，不相容原理所能提供的排斥力有一个极限。相对论把恒星中的粒子的最大速度差限制为光速。这意味着，当恒星变得足够密集之时，由不相容原理引起的排斥力就会比引力的作用小。昌德拉塞卡计算出，一个质量比大约太阳质量一倍半还大的冷的恒星不能维持本身以抵抗自己的引力。（这质量现在称为昌德拉塞卡极限。）苏联科学家列夫·达维多维奇·朗道差不多同时得到了类似的发现。

　　这对大质量恒星的最终归宿具有重大的意义。如果一颗恒星的质量比昌德拉塞卡极限小，它最后会停止收缩，并且变成一种可能的终态即"白矮星"。白矮星的半径为几千英里，密度为每立方英寸几百吨。白矮星是由它物质中电子之间的不相容原理排斥力支持的。我们观察到大量这样的白矮星。围绕着天狼星转动的那颗是最早被发现的白矮

[①] 史蒂芬·霍金：《周读书系　时间简史》，许明贤、吴忠超译，湖南科学技术出版社，2016 年，第 89~96 页。

星中的一个,天狼星是夜空中最亮的恒星。

朗道指出,恒星还存在另一种可能的终态。其极限质量大约也为太阳质量的一倍或二倍,但是其体积甚至比白矮星还小得多。这些恒星是由中子和质子之间,而不是电子之间的不相容原理排斥力支持的。所以它们叫作中子星。它们的半径只有 10 英里左右,密度为每立方英寸几亿吨。在第一次预言中子星时,没有任何方法去观察它。实际上,它们很久以后才被探测到。

另一方面,质量比钱德拉塞卡极限还大的恒星在耗尽其燃料时,会出现一个很大的问题。在某种情形下,它们会爆炸或设法抛出足够的物质,使它们的质量减小到极限之下,以避免灾难性的引力坍缩。但是很难令人相信,不管恒星有多大,这总会发生。怎么知道它一定损失重量呢?即使每个恒星都设法失去足够多的质量以避免坍缩,如果你把更多的质量加在白矮星或中子星上,以使之超过极限,将会发生什么?它会坍缩到无限密度吗?爱丁顿为此感到震惊,他拒绝相信昌德拉塞卡的结果。爱丁顿认为,一颗恒星是根本不可能坍缩成一点的。这是大多数科学家的观点:爱因斯坦自己写了一篇论文,宣布恒星的体积不会收缩为零。其他科学家,尤其是他以前的老师,恒星结构的主要权威——爱丁顿的敌意使钱德拉塞卡放弃了这方面的工作,而转去研究诸如恒星团运动等其他天文学问题。然而,他之所以获得 1983 年诺贝尔奖,至少部分原因在于他早年所做的关于冷恒星的质量极限的工作。

昌德拉塞卡指出,不相容原理不能够阻止质量大于钱德拉塞卡极限的恒星发生坍缩。但是,根据广义相对论,这样的恒星会发生什么情况呢?1939 年一位美国的年轻人罗伯特·奥本海默首次解决了这个问题。然而,他所获得的结果表明,用当时的望远镜去检测不会有任何观测结果。以后,第二次世界大战插入,奥本海默本人非常专心地从事原子弹研制。战后,由于大多数科学家被吸引到原子和原子核尺度的物理中去,因而大部分人忘记了引力坍缩的问题。但在 20 世纪 60 年代,现代技术的应用使得天文观测范围和数量大大增加,这将重新激发人们对天文学和宇宙学的大尺度问题的兴趣。奥本海默的工作被一些人重新发现并推广。

现在,我们从奥本海默的工作中得到一幅这样的图象:恒星的引力场改变了光线在时空中的路径,使之和如果没有恒星情况下的路径不一样。光锥是表示闪光从其顶端发出后在时空中传播的路径。光锥在恒星表面附近稍微向内弯折。在日食时观察从遥远恒星发出的光线,可以看到这种偏折现象。随着恒星收缩,其表面的引力场变得更强大,而光锥向内偏折得更多。这使得光线从恒星逃逸变得更为困难,对于远处的观察者而言,光线变得更黯淡更红。最后,当恒星收缩到某一临界半径时,表面上的引力场变得如此之强,使得光锥向内偏折得这么厉害,以至于光线再也逃逸不出去⋯⋯根据相对论,没有东西能行进得比光还快。这样,如果光都逃逸不出来,其他东西更不可能;所有东西都会被引力场拉回去。这样,存在一个事件的集合或时空区域,光或任何东西都不可能从该区域逃逸而到达远处的观察者。现在我们将这区域称作黑洞,将其边界称作事件视界,而它和刚好不能从黑洞逃逸的光线的那些路径相重合。

如果你观察一个恒星坍缩并形成黑洞时,为了理解你所看到的情况,切记在相对论中没有绝对时间。每个观测者都有自己的时间测量。由于恒星的引力场,在恒星上某人的时间将和在远处某人的时间不同。假定在坍缩星表面有一无畏的航天员和恒星一起向内坍缩。他按照自己的表，每一秒钟发一信号到一个围绕着该恒星转动的航天飞船上去。他的表的某一时刻，譬如 11 点钟，恒星刚好收缩到它的临界半径以下，此时引力场强大到没有任何东西可以逃逸出去，他的信号再也不能传到航天飞船了。随着 11 点趋近，他的伙伴从航天飞船上观看会发现，从该航天员发来的一串信号的时间间隔越变越长。但是这个效应在 10 点 59 分 59 秒之前是非常微小的。在收到 10 点 59 分 58 秒和 10 点 59 分 59 秒发出的两个信号之间，他们只需等待比 1 秒钟稍长一点的时间，然而他们必须为 11 点发出的信号等待无限长的时间。按照航天员的手表，光波是在 10 点 59 分 59 秒和 11 点之间由恒星表面发出；从航天飞船上看，那光波被散开到无限长的时间间隔里。在航天飞船上这一串光波来临的时间间隔变得越来越长，所以从恒星来的光显得越来越红、越来越淡，最后，该恒星变得如此之朦胧，以至于从航天飞船上再也看不见它：所余下的一切只是空间中的一个黑洞。不过，此恒星继续以同样的引力作用到航天飞船上，使飞船继续围绕着形成的黑洞旋转。但是由于以下的问题，上述场景不是完全现实的。一个人离开恒星越远则引力越弱，所以作用在这位无畏的航天员脚上的引力总比作用到他头上的大。在恒星还未收缩到临界半径而形成事件视界之前，这力的差别就足以将我们的航天员拉成意大利面条那样，甚至将他撕裂！然而我们相信，在宇宙中存在大得多的天体，譬如星系的中心区域，它们遭受到引力坍缩而产生黑洞；一位在这样的物体上面的航天员在黑洞形成之前不会被撕开。事实上，当他到达临界半径时，不会有任何异样的感觉，甚至在通过永不回返的那一点时，都没注意到它。然而，随着这区域继续坍缩，只要在几个钟头之内，作用到他头上和脚上的引力之差会变得如此之大，以至于再将其撕裂。

　　罗杰·彭罗斯和我在 1965 年和 1970 年之间的研究指出，根据广义相对论，在黑洞中必然存在密度和时空曲率无限大的奇点。这和时间开端时的大爆炸相当类似，只不过它是一个坍缩物体和航天员的时间终点而已。在此奇点，科学定律和我们预言将来的能力都崩溃了。然而，任何留在黑洞之外的观察者，将不会受到可预见性失效的影响，因为从奇点出发的，不管是光还是任何其他信号，都不能到达他那儿。这个非凡的事实导致罗杰·彭罗斯提出了宇宙监督假想，它可以被意译为："上帝憎恶裸奇点。"换言之，由引力坍缩所产生的奇点只能发生在像黑洞这样的地方，它在那里被事件视界体面地遮住而不被外界看见。严格地讲，这就是所谓弱的宇宙监督假想：它使留在黑洞外面的观察者不致受到发生在奇点处的可预见性崩溃的影响，但它对那位不幸落到黑洞里的可怜的航天员却是爱莫能助。

　　广义相对论方程存在一些解，我们的航天员在这些解中可能看到裸奇点：他也许能避免撞到奇点上去，相反地穿过一个"虫洞"来到宇宙的另一区域。看来这给在时空内的旅行提供了大的可能性。但是不幸的是，所有这些解似乎都是非常不稳定的；最小的干扰，譬如一个航天员的存在就会使之改变，以至于他还没能看到此奇点，就撞上去而终结了他的时间。换言之，奇点总发生在他的将来，而绝不会发生在他的过去。宇宙监督假想强的版本是说，在一个现实的解里，奇点总是要么整个存在于将来（如引力坍缩的奇点），要么整个存在于过去（如大爆炸）。我强烈地相信宇宙监督，这样我就和加州理工学院的基帕·索恩和约翰·普勒斯基尔打赌,认为它总是成立的。由于找到了一些解的例子,在非常远处可以看得见其奇点,所以我在技术的层面上输了。这样,我必须遵照协约还清赌债,也就是必须把他们的裸露遮盖住。但是我可以宣布道义上的胜利。这些裸奇点是不稳定的:最小的干扰就会导致这些奇点消失,或者躲到事件视界后面去。所以它们在实际情形下不会发生。

事件视界,也就是时空中不可逃逸区域的边界,其行为犹如围绕着黑洞的单向膜:物体,譬如粗心的航天员,能通过事件视界落到黑洞里去,但是没有任何东西可以通过事件视界而逃离黑洞。(记住事件视界是企图逃离黑洞的光在时空中的路径,而且没有任何东西可以比光行进得更快)。人们可以将诗人但丁针对地狱入口所说的话恰到好处地应用于事件视界:"从这里进去的人必须抛弃一切希望。"任何东西或任何人,一旦进入事件视界,就会很快地到达无限致密的区域和时间的终点。

5. *The Little Prince*(excerpts)[①]

Once when I was six years old I saw a magnificent picture in a book, called *True Stories from Nature*, about the primeval forest. It was a picture of a boa constrictor in the act of swallowing an animal. Here is a copy of the drawing.

In the book it said: "Boa constrictors swallow their prey whole, without chewing it. After that they are not able to move, and they sleep through the six months that they need for digestion."

I pondered deeply, then, over the adventures of the jungle. And after some work with a colored pencil I succeeded in making my first drawing. My Drawing Number One. It looked like this:

I showed my masterpiece to the grown-ups, and asked them whether the drawing frightened them.

But they answered: "Frighten? Why should any one be frightened by a hat?"

My drawing was not a picture of a hat. It was a picture of a boa constrictor

---

[①] 安托万·德·圣·埃克苏佩里:《小王子=THE LITTLE PRINCE》,辽宁人民出版社,2020年,第1~3页。

digesting an elephant. But since the grown-ups were not able to understand it, I made another drawing: I drew the inside of a boa constrictor, so that the grown-ups could see it clearly. They always need to have things explained. My Drawing Number Two looked like this:

The grown-ups' response, this time, was to advise me to lay aside my drawings of boa constrictors, whether from the inside or the outside, and devote myself instead to geography, history, arithmetic and grammar. That is why, at the age of six, I gave up what might have been a magnificent career as a painter. I had been disheartened by the failure of my Drawing Number One and my Drawing Number Two. Grown-ups never understand anything by themselves, and it is tiresome for children to be always and forever explaining things to them.

So then I chose another profession, and learned to pilot airplanes. I have flown a little over all parts of the world; and it is true that geography has been very useful to me. At a glance I can distinguish China from Arizona. If one gets lost in the night, such knowledge is valuable.

In the course of this life I have had a great many encounters with a great many people who have been concerned with matters of consequence. I have lived a great deal among grown-ups. I have seen them intimately, close at hand. And that hasn't much improved my opinion of them.

Whenever I met one of them who seemed to me at all clear-sighted, I tried the experiment of showing him my Drawing Number One, which I have always kept. I would try to find out, so, if this was a person of true understanding. But, whoever it was, he, or she, would always say:

"That is a hat."

Then I would never talk to that person about boa constrictors, or primeval forests, or stars. I would bring myself down to his level. I would talk to him about bridge, and golf, and politics, and neckties. And the grown-up would be greatly pleased to have met such a sensible man.

第十三单元

1. 山园小梅①

众芳摇落独暄妍，占尽风情向小园。
疏影横斜水清浅，暗香浮动月黄昏。
霜禽欲下先偷眼，粉蝶如知合断魂。
幸有微吟可相狎，不须檀板共金樽。

2. 金石录后序（校订本）②

右《金石录》三十卷者何？赵侯德甫所著书也。取上自三代，下迄五季，钟、鼎、甗、鬲、盘、匜、尊、敦之款识，丰碑大碣、显人晦士之事迹，凡见于金石刻者二千卷，皆是正讹谬，去取褒贬，上足以合圣人之道，下足以订史氏之失者，皆具载之。可谓多矣。呜呼！自王播元载之祸，书画与胡椒无异；长舆、元凯之病，钱癖与传癖何殊。名虽不同，其惑一也。

余建中辛巳始归赵氏，时先君作礼部员外郎，丞相时作吏部侍郎，侯年二十一，在太学作学生。赵、李族寒，素贫俭。每朔望谒告出，质衣取半千钱入相国寺，市碑文果实归，相对展玩咀嚼，自谓葛天氏之民也。后二年，出仕宦，便有饭疏衣练，穷遐方绝域，尽天下古文之志，日就月将，渐益堆积。丞相居政府，亲旧或在馆阁，多有亡诗逸史、鲁壁汲冢所未见之书，遂力传写，浸觉有味，不能自己。后或有古今名人书画，三代奇器，亦复脱衣市易。尝记崇宁（宁）间，有人持徐熙牡丹图，求钱二十万。当时虽贵家子弟，求二十万钱，岂易得耶？留信宿，计无所出而还之。夫妇相向惋怅者数日。

后屏居乡里十年，仰取俯拾，衣食有余，连守两郡，竭其俸入，以事铅椠。每获一书，即同共是正校勘，整集签题。得书画、彝鼎，亦摩玩舒卷，指摘疵病，夜尽一烛为率。故能纸札精致，字画完整，冠诸收书家。余性偶强记，每饭罢，坐归来堂，烹茶，

---

① 林逋：《山园小梅》，缪钺等撰：《宋诗鉴赏辞典》，上海辞书出版社，1987年，第43页。
② 李清照：《金石录后序》，载黄墨谷：《重辑李清照集》，齐鲁社，1981年，第132～137页。

指堆积书史，言某事在某书、某卷，第几叶、第几行，以中否，角胜负，为饮茶先后。中即举杯大笑，至茶倾覆怀中，反不得饮而起，甘心老是乡矣。故虽处忧患困穷而志不屈。

收书既成，归来堂起书库大橱，簿甲乙置书册。如要讲读，即请钥上簿关出。卷帙或少损污，必惩责揩涂完整，固不复向之坦夷也。是欲求适意而反取憀慄。余性不耐，始谋食去重肉，衣去重采，首无明珠翡翠之饰，室无涂金刺绣之具，遇书史百家，字不刓阙、本不讹谬者，辄市之，储作副本。自来家传《周易》《左氏传》，故两家者流，文字最备。于是几案罗列，枕席枕藉，意会心谋，目往神授，乐在声色狗马之上。

至靖康丙午岁，侯守淄川，闻金寇犯京师，四顾茫然，盈箱溢箧，且恋恋，且怅怅，知其必不为己物矣。建炎丁未春三月，奔太夫人丧南来，既长物不能尽载，乃先去书之重大印本者，又去画之多幅者，又去古器之无款识者；后又去书之监本者；画之寻常者，器之重大者，凡屡弃去，尚载书十五车。至东海，连舻渡淮，又渡江，至建康。青州故第尚锁书册什物，用屋十余间，期明年春，再具舟载之。十二月，金人陷青州，凡所谓十余屋者，已化为煨烬矣。

建炎戊申秋九月，侯起复知建康府。己酉三月罢，具舟上芜湖，入姑熟，将卜居赣水上。夏五月，至池阳。被旨知湖州，过阙上殿，遂驻家池阳，独赴召。六月十三日始负担，舍舟坐岸上，葛衣岸巾，精神如虎，目光烂烂，光射人望舟中告别。余意甚恶，呼曰："如传闻城中缓急奈何？"戟手遥应曰："从众。必不得已，先弃辎重，次衣被，次书册卷轴，次古器，所谓宗器者，可自抱负，与身俱存亡，勿亡失也。"遂驰马去。途中奔驰，冒大暑，感疾，至行在病痁。七月末，书报卧病。余惊怛，念侯性素急，奈何病痁，或热，必服寒药，疾可忧。遂解舟下，一日夜行三百里。比至，果大服柴胡黄芩药，疟且痢，病危在膏肓。余悲泣，仓皇不忍问后事。八月十八日遂不起。取笔作诗，绝笔而终。殊无分香卖屦之意。

葬毕，顾四维，无所之。朝廷已分遣六宫，又传江当禁渡。时犹有书二万卷，金石刻二千卷，器皿茵褥可待百客，他长物称是。余又大病，仅存喘息，事势日迫。念侯有妹婿任兵部侍郎从卫在洪州，遂遣二故吏先部送行李往投之。冬十二月，金寇陷洪州，遂尽委弃，所谓连舻渡江之书，又散为云烟矣。独余少轻小卷轴，书帖写本，李杜韩柳集、《世说》、《盐铁论》，汉唐石刻副本十卷轴，三代鼎鼐十余事，南唐写本书数箧，偶病中把玩，搬在卧内者，岿然独存。

上江既不可往，又虏势叵测。有弟迒任勅局删定官，遂往依之。到台，台守已遁。之嵊出陆，又弃衣被，走黄岩，雇舟入海，奔行朝，时驻跸（跸）章安。从御舟海道之温，又之越。庚戌十二月，放散百官，遂之衢。绍兴辛亥春三月，复赴越，壬子赴杭。先侯疾亟时，有张飞卿学士，携玉壶过视侯，便携去。其实珉也。不知何人传道，遂妄言有颁金之语，或传亦有密论列者，予大惶怖，不敢言，亦不敢遂已，尽将家中所有铜器等物，欲赴外廷投进。到越，已移幸四明，不敢留家中，并写本书寄嵊县。庚戌春，官军收叛卒，悉取去，闻尽入故李将军家。所谓岿然独存者，无虑十去五六矣。惟有书画砚墨可五七簏，更不忍置他所，常在卧榻，手自开阖（阖）。在会稽，卜居土民锺氏舍，忽一夕，穴壁负五簏去矣。余悲恸不已，重立赏收赎。后二日，邻人锺复皓出十八轴求赏，故知其盗不远矣。万计求之，其余遂牢不可出。今知尽为吴说运使贱价得之。所谓岿然独存者，十去其七八。所有一二残零不能部秩书册，三数种手书帖，犹爱惜如护头目，何愚也耶！

今日忽阅此书，如见故人。因忆侯在东莱静治堂，装幖初就，芸签缥带，束十卷为一帙。每日晚，吏散，辄校勘二卷，题跋一卷，此二千卷有题跋者，五百卷耳。今手泽如新，而墓木已拱，悲夫！昔萧绎江陵陷没，不惜国亡而毁裂书画，杨广江都倾覆，不悲身死而取图书。岂人之性之所著，生死不能忘欤！或者，天意以余菲薄，不足以享此尤物耶！抑亦死者有知，犹斤斤爱惜，不肯留在人间耶！何得之艰而失之易也！

呜呼！余自少陆机作赋之二年，至过蘧瑗知非之两岁，三十四年之间，忧患得失，何其多也！然有有必有无，有聚必有散，乃理之常；人亡弓，人得之，又胡足道。所以区区记其终始者，亦欲为后世好古博雅者之戒云。绍兴五年玄黓壮月朔甲寅日易安室题。

3. 论退隐（节选）[①]

且不去对退隐生活与职业生活作详尽的比较。至于被野心与贪婪用来作为挡箭牌，说什么我们生来不是为自己，而是为大众的漂亮话，也可以放心大胆让正在兴头上做着的人去评说吧。

由他们扪心自问吧，世人对地位职务、人间利禄的追求，不恰好是向公众获取个人利益么。在我们这个时代，为了达到目的采用恶劣手段，正好说明结果是得不偿失。说起野心，还正是它使我们想到了退隐，因为退隐不就是逃避社会吗？退隐不就是可以逍遥自在了吗？善与恶是无处不在的。可是，假若贝亚斯的"坏人要占大多数"这句话说得对，假若正如《传道书》说的"一千男子中我找到一个正直人"，

> 好人寥寥无几，不会多过
> 底比斯的城门或尼罗河的河口。
> ——朱维纳利斯

这在群众中的传染是非常可怕的。对坏人不是学样，就是憎恨，这两种态度都是危险的，因为他们人数众多就会去模仿他们；因为他们与我们不同就会去憎恨他们。出海的高人很有道理去注意同船的人别是些堕落的人，不敬神明的人，作恶的人，跟他们交往是会带来不幸的。

贝亚斯乘的船在海上遇到了大风浪，有了危险，船上人求神保佑，贝亚斯对他们开玩笑说："别出声，别让他们觉察你们跟我在一起。"

还举一个更加紧急的例子，葡萄牙国王曼努埃尔派往印度的总督阿尔布盖克，在一次极为危险的海事中，举起一名少年扛在肩上，唯一目的是把他们的命运串在一起，孩

[①] 蒙田：《蒙田随笔》，马振聘译，上海译文出版社，2013年，第95~106页。

子的无辜让他也在神明的恩宠中沾光，化险为夷。

这并不是贤人在哪里都不会生活满意，甚至在官宦群中也会孤独；但是贝亚斯说，若有选择的话可以看到他们就躲。需要时就忍受；但是由他来说，他采取逃避。如果他还必须拿着别人的罪恶去争辩，那就更加不像会摆脱掉自己身上的罪恶了。夏隆达斯把一心跟坏人来往的人当坏人那样惩罚。

最不易交往的是人，最易交往的也是人，不易交往是由于他的罪恶，易交往是由于他的天性。

安提西尼斯对于有人责备他跟坏人交往，回答说医生在病人中间还是活得好好的，我觉得听到的人并不会满意。因为医生固然为病人的健康服务，但是传染、长期诊察病人、治疗病人也会影响自己的健康。

我相信，退隐的目的都是一样的：生活得更加悠闲从容。但是大家并不一定找对途径。经常他们以为离开了工作，其实只是改变了工作。管理一个家庭并不比治理一个国家更少折磨。人的心思不论用到哪里，总是全力以赴。家事虽则没么重要，麻烦一样也不少。我们摆脱了官场与商界，并没摆脱生活的主要烦恼。

> 消除烦恼的智慧与理性，
> 不是躲进只见天涯海角的地方。
> ——贺拉斯

野心、贪婪、患得患失、害怕、欲念并不是换了地方就会离开我们的。

> 忧愁跳上马背后，跟着骑士奔走。
> ——贺拉斯

经常进了修道院、讲学堂里还是跟着我们。沙漠、岩洞、刚毛衬衣、斋戒都无法使我们免除：

> 致命的箭永远插在腰间。
> ——维吉尔

有人对苏格拉底说，某人旅行归来心境并没有丝毫好转。苏格拉底说："我相信也是，他是带着忧愁一起走的。"

> 到异国他乡去寻找什么？
> 离开家园又能离开自己什么？
> ——贺拉斯

如果不首先解除心灵的重担，晃动只会使重担更重；就像船上的货物装稳时行驶更轻松。要病人搬动位置，给他的是痛苦不是舒服。伤口愈拨弄愈痛，就像木桩愈摇晃陷入土内愈深愈牢固。所以离开人群是不够的，换个地方是不够的，应该排除的是心中的七情六欲；我们应该自制自律。

> 我刚才挣断了锁链，你对我说。
> 是的，如同狗，终于把链条拉断，
> 逃跑中颈上还拖了一大段。
> ——柏修斯

我们到哪里都带着我们的锁链；这不是完全的自由，我们还是转过头去看我们留在后面的东西，总是牵肚挂肠。

> 心地不纯会遇到多大的危险！
> 我们不断进行徒劳无益的奋斗！
> 心灵在火中受怎样的煎熬！
> 骄奢淫逸在我们心中
> 造成多少恐怖与祸灾！
> 糜费与懒惰又何尝不是如此呢！
> ——卢克莱修

我们的病锁住了我们的心，心又无法摆脱自己，

> 心灵一旦出错就无法补赎。
> ——贺拉斯

所以必须把心引回和摆正位子；这是真正的退隐，在城市与王宫可以做到；但是独自更容易做到。

这样，我们做到闭门谢客，深居简出，一切喜怒哀乐取决于自己，摆脱与他人的一切联系，自觉自愿自由自在生活。斯蒂尔波从他的城市那场大火中逃生，妻儿财产都已失去，马其顿国王德梅特利乌斯·波利奥塞特见他在家乡遭遇如此重大的灾难居然脸无惧色，问他有没有受到损失。他回答说不，感谢上帝，他本人毫发无损。哲学家安提西尼斯说过这样的俏皮话，一个人应该随身带上会漂流的食品，遇上海难就可以逃命。

有识之士认为只要自己在，就什么也没有失去。当诺拉城被蛮族摧毁时，波利努斯主教失去一切，也当了俘虏，向上帝这样祈祷："主啊，不要让我感觉这场损失，因为神知道他们丝毫没有触动我的根本。"使他内心丰富的财富，使他心地善良的善事都还完好无损。这样说来就是要会选择什么是宝藏，它们不会遭受到天灾人祸，深埋在谁也不能走近，除了我们谁也不会泄露的地方。

我们需要有的是妻子、孩子、财产，尤其重要的是尽量保持健康；但是不能迷恋得让我们的幸福都依赖于此。应该给自己保留一个后客厅，由自己支配，建立我们真正自由清静的隐居地。在那里我们可以进行自我之间的日常对话，私密隐蔽，连外界的消息

来往都不予以进入。要说要笑，就像妻子、儿女、财产、随从和仆人都不存，目的是一旦真正失去了他们时，也可以安之若素。我们的心灵要能屈能伸；它可以自我做伴；它可以进，可以退，可以收，可以放；不怕在退隐生活中感到百无聊赖，无所事事：

　　　　你在孤独中也仿佛是一群人。
　　　　　　　　　　　　——提布卢斯

　　安提西尼斯说，美德是自我满足：无须约束，无须语言，无须行动。
　　我们一千个惯常的行动中，未必有一个跟我们有关。你看到那个人冒着乱箭发射，气得不顾死活爬到废墟顶上；另一个人全身伤痕，又冷又饿脸色苍白，怎么也不给他开门，你以为他们在那里是为了自己吗？他们在那里是为了另一个人，这人他们或许从未见过，正是闲在一边享乐，对他们的死活绝对不操一点心。
　　那一位衣服邋遢，脸上眼屎鼻涕，半夜以后从书房里出来，你看到以为他在书本中探究为人之道，如何更正派、更满足、更聪敏吗？别这么想！他要么因此死去，要么用普洛图斯的诗句格律，拉丁字的真正写法去教育后代。虚名浮誉是流转人间最无用的假金币，但是谁不是心甘情愿用健康、休息和生命跟它们交换呢？我们自己的死亡没引起我们足够担心，还要搭上老婆、孩子、亲人的性命。我们自己的工作带来的辛苦还不够多，还要把邻居与朋友弄得焦头烂额。

　　　　人真是怎么想的，竟会
　　　　爱东西更胜过爱自己？
　　　　　　　　　　　　——泰伦提乌斯

　　从泰勒斯的事例来看，把一生韶光年华奉献给了世人的那些人，退隐也是理所当然的。
　　为他人度过了大部分岁月，把最后一段岁月留给自己。为我们自己和安逸多作考虑与打算。安度退隐生活不是一件轻而易举的事。既要使我们有事消闲，又不为其他事操心。因为上帝给我们留出了时间安排搬家，我们要为此做好准备。整理行李，早日与亲友告别，摆脱对人对事的强烈依恋。必须解除这些束缚性的义务，此后可以爱这个或那个，但是不要太放在心上。
　　这就是说，让今后的一切属于自己，但是情意不要过于密切，以后分离时不致拉下我们身上的一块肉或一层皮。人世中最重要的事是知道怎样属于自己。
　　这是我们跟社会分手的时候了，既然我们已不能带给它什么。无物可以出借的人，也就不要向人求借什么。我们的力气正在衰退，也就要量力而行。谁能把亲友的热心帮助推掉，而由自己操劳，那就这样做吧。年老力衰，使人变得无用、累赘、讨人厌，让他不要变得使自己也觉得讨厌、累赘、无用。让他自鸣得意，自我宽慰，尤其要自我约束，对自己的理智和良心既尊重也害怕，这样他在人前犯了错不会不感到羞愧。"<u>足够自尊的人确实是不多的。</u>"（昆体良）

苏格拉底说，青年人应该受教育，成年人应该有所作为，老年人应该退出一切民事军政，逍遥度日，不担任任何公职。从气质上来说，应用这些退隐箴言有适合的也有较不适合的。有些人优柔寡断，迟疑不决，不善于受人役使也不善于役使别人，从天性与思虑来说我属于这类人，他们就更能适应这句忠告，而那些活动积极的人什么都要抓，什么都要管，什么都很热心，一有机会就自告奋勇，自我介绍，自我奉献。我们对于这些偶然的和发生在身边的诸事，若感兴趣，可以插手，但是不必作为我们主要的生活内容，它们不是，况且，无论理性与天性都不愿意这样做的。

我们为什么要违反规律，凭他人的权势来决定自己的喜乐？事前设计命运的不幸，强行放弃掌握在手里的方便，许多人这样做是出于虔诚，少数哲学家这样做是出于哲理，生活不求之于人，睡硬地，剜眼睛，把财产扔到河里，自找苦吃（有人想通过今世受苦达到来世享福；有人有意生活在社会最底层，就再也不会往下跌），这种做法是在追求一种过分的美德。天性更为刚毅坚强的人使藏身处成为景仰之地。

> 穷的时候，我赞扬因陋就简，
> 过日子俭朴；若命运好转，
> 生活宽裕，那时我会高声说，
> 在世上活得幸福与自在
> 必须有建立在良地上的物产。
>
> ——贺拉斯

我不用走得那么远，手头已有足够的事。我只需做到在命运的宠幸下作好失宠的准备，在生活的安逸中尽量想象落难时如何对付。就像在和平时期，要让自己习惯于刀马弓剑的操练，仿佛置身在战争的日子里。

哲学家阿凯西洛斯家道富有，使用金银器皿，我读了以后并不认为他这人言行不一；他不是放弃不用，而是大大方方地适当使用，更使我尊重。

我注意到自然需要可以降到什么限度。看到家门边那个可怜的乞丐常常比我还快活与健康；我就设身处地，尝试体验他的心情。再用同样的方式去体验其他例子，虽然我想到死、贫困、受气、疾病都近在眼前，一个比我不如的人尚且能够耐性忍受，我很容易下决心不必为此担忧。

我不相信智力鲁钝会胜过思维清晰；或者理智的力量及不上习惯的力量。认识到这些身外之物极不可靠，在充分享受之余，不会不祈告上帝，最迫切的要求就是让我对自己以及自己内心的财富感到满足。我见到一些身强力壮的青年，在衣箱里从不忘记放一大堆药，遇上感冒时服用，这样想到药就放在身边，也就不会那么担心了。因此必然这样做。此外，如果觉得自己会染上更严重的疾病，那就带上治疗和麻痹的良药。

处在这种生活中应该选择做的事，必须是一不费力二不乏味；不然的话过这种休闲生活就没有意思了。这取决于每个人的情趣：我这人一点不适合管家事。爱好的人也应该做到适可而止。

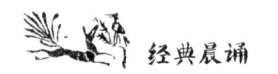

> 要财物服从人，不是人服从财物。
> ——贺拉斯

　　按照萨罗斯特的说法，管理家务是另一种奴役。其中也有可取之处，如从事园艺。色诺芬就说居鲁士当过园丁。这个工作有两个极端，有的人艰辛操劳，紧张不安，全心全意投入工作；有的人懒散无比，任凭一切自生自受，我们必须找到介于两者之间的方法。

> 德谟克利特让羊群啃啮他的麦田，
> 当时他海阔天空想入非非。
> ——贺拉斯

　　让我们听听小普林尼在退隐问题上，对他的朋友科纳利乌斯·鲁弗斯提出什么劝告："你现在过着悠闲自在的隐居生活，我劝你把那些下贱的劳务让仆人去做，自己专心著书立说。"他的意思是从声望来说。这跟西塞罗的心情相似，西塞罗说过退出官场后要利用退隐休闲生活写文章名传千古：

> 天下人不知道你的才能，
> 满腹经纶不也归于无用？
> ——柏修斯

　　当一个人谈到退出这个世界，那时好像很有理由看看身边的事。然而这样的人做事也不彻底。他们总结自己的一生，以备不在世时应用；但是他们计划中的果实，还企图从一个他们已经不存在的世界去获得，这岂不是可笑的矛盾。出于虔诚而寻求退隐的人，他们的想象中也不乏勇气，确信上帝的诺言会在另一次生命中兑现，从道理上倒也说得过去。

　　他们心里装着上帝——无比善良与无所不能的对象；心灵有了依托，愿望也可予取予求。悲伤与痛苦对他们也有好处，用来企求终生健康和永福；死亡也可以欣然接受，借以通往完美的境界。严厉的清规戒律在习惯中也就不以为苦了。肉欲依靠实现才保持旺盛，也因克制而受压抑。单是为了得到一个永乐的人生，也有正当理由去牺牲今生今世的快活舒适。谁在心中燃起热火，对宗教生活充满期望，真实而又持久，即使在退隐中也活得有滋有味，与其他形式的人生是完全不同的。

　　可是这个忠告的目的与方式并不令我满意。这只是让我们从狂热改为痴迷而已。执迷于书籍跟其他事一样费心，同样有害于健康，健康才是主要的考虑对象。我们不能沉溺其中，丧失志趣。就是这种乐趣，断送了持家的、贪财的、爱作乐的、野心勃勃的人。贤人经常教导我们要提防欲念的作祟，辨别真正、完全的乐趣与掺杂着痛苦的乐趣。

　　他们说，大多数乐趣引得我们上钩以后就把我们掐死，就像埃及人称为腓力斯提人的那些坏蛋。如果我们没有喝醉以前就会头痛，那就要注意别喝得太多了。但是逸乐为了蒙蔽我们，往前直走，不让我们看见带来的后果。读书是愉快的事；但是读得太多最终会让我们失去最为重要的乐趣与健康，那就把书放下。有人认为读书的好处不能够弥补健康的损失，我也是这样想的人。

4. 关雎[①]

关雎

周南

关关雎鸠，在河之洲。
窈窕淑女，君子好逑。

参差荇菜，左右流之。
窈窕淑女，寤寐求之。

求之不得，寤寐思服。
悠哉悠哉，辗转反侧。

参差荇菜，左右采之。
窈窕淑女，琴瑟友之。

参差荇菜，左右芼之。
窈窕淑女，钟鼓乐之。

Cooing and Wooing

Songs of Zhou

By riverside are cooing
A pair of turtledoves.
A good young man is wooing,
A fair maiden he loves.

Water flows left and right
Of cresses here and there.

---

① 许渊冲编译：《诗经·汉英对照》，海豚出版社，2015年，第3~6页。

The youth yearns day and night
For the good maiden fair.

His yearning grows so strong,
He cannot fall asleep.
He tosses all night long,
So deep in love, so deep.

Now gather left and right
The cresses sweet and tender!
O lute, play music bright
For the bride sweet and slender!

Feast friends at left and right
With cresses cooked tender!
O bells and drums, delight
The bride so fair and slender!

5. 吉檀迦利（节选）[①]

莲花盛开的那天，唉，我心魂飘荡却不自知。我的花篮空空，花儿一直无人理睬。

只是时不时一阵忧愁袭来，我从梦中惊醒，感觉南风里有一股奇香的芳迹。

这朦胧的馨香使我渴望得心痛，我觉得这似乎是夏天热切的气息在寻求圆满。

我当时不知道它离我那么近，而且是我的，不知道这完美的馨香已在我自己的深心怒放。

[①] 泰戈尔：《吉檀迦利》，萧兴政译，云南人民出版社，2019 年，第 40 页。

第十四单元

1. 墨池记①

　　临川之城东，有地隐然而高，以临于溪，曰新城。新城之上，有池洼然而方以长，曰王羲之之墨池者，荀伯子《临川记》云也。羲之尝慕张芝，临池学书，池水尽黑，此为其故迹，岂信然邪？

　　方羲之之不可强以仕，而尝极东方，出沧海，以娱其意于山水之间，岂其徜徉肆恣，而又尝自休于此邪？羲之之书晚乃善，则其所能，盖亦以精力自致者，非天成也。然后世未有能及者，岂其学不如彼邪？则学固岂可以少哉！况欲深造道德者邪？

　　墨池之上，今为州学舍。教授王君盛恐其不章也，书"晋王右军墨池"之六字于楹间以揭之。又告于巩曰："愿有记。"推王君之心，岂爱人之善，虽一能不以废，而因以及乎其迹邪？其亦欲推其事以勉学者邪？夫人之有一能而使后人尚之如此，况仁人庄士之遗风馀思，被于来世者如何哉！

　　庆历八年九月十二日，曾巩记。

2. 繁星②

　　我爱月夜，但我也爱星天。从前在家乡七、八月的夜晚在庭院里纳凉的时候，我最爱看天上密密麻麻的繁星。望着星天，我就会忘记一切，仿佛回到了母亲的怀里似的。

　　三年前在南京我住的地方有一道后门，每晚我打开后门，便看见一个静寂的夜。下面是一片菜园，上面是星群密布的蓝天。星光在我们的肉眼里虽然微小，然而它使我们觉得光明无处不在。那时候我正在读一些关于天文学的书，也认得一些星星，好像它们就是我的朋友，它们常常在和我谈话一样。

　　如今在海上，每晚和繁星相对，我把它们认得很熟了。我躺在舱面上，仰望天空。深蓝色的天空里悬着无数半明半昧的星。船在动，星也在动，它们是这样低，真是摇摇欲坠呢！渐渐地我的眼睛模糊了，我好像看见无数萤火虫在我的周围飞舞。海上的夜是

---

① 曾巩：《曾巩散文选集》，高克勤编，百花文艺出版社，2005年，第37~39页。
② 巴金：《巴金散文》，人民文学出版社，2022年，第3页。

柔和的，是静寂的，是梦幻的。我望着那许多认识的星，我仿佛看见它们在对我霎眼，我仿佛听见它们在小声说话。这时我忘记了一切。在星的怀抱中我微笑着，我沉睡着。我觉得自己是一个小孩子，现在睡在母亲的怀里了。

有一夜，那个在哥伦波上船的英国人指给我看天上的巨人。他用手指着：那四颗明亮的星是头，下面的几颗是身子，这几颗是手，那几颗是腿和脚，还有三颗星算是腰带。经他这一番指点，我果然看清楚了那个天上的巨人。看，那个巨人还在跑呢！

3. 吃瓜子（节选）[①]

拿筷子，吹煤头纸，吃瓜子，的确是中国人独得的技术。其纯熟深造，想起了可以使人吃惊。这里精通拿筷子法的人，有了一双筷，可抵刀锯叉瓢一切器具之用，爬罗剔抉，无所不精。这两根毛竹仿佛是身体上的一部分，手指的延长，或者一对取食的触手。用时好像变戏法者的一种演技，熟能生巧，巧极通神。不必说西洋了，就是我们自己看了，也可惊叹。至于精通吹煤头纸法的人，首推几位一天到晚捧水烟筒的老先生和老太太。他们的"要有火"比上帝还容易，只消向煤头纸上轻轻一吹，火便来了。他们不必出数元乃至数十元的代价去买打火机，只要有一张纸，便可临时在膝上卷起煤头纸来，向铜火炉盖的小孔内一插，拔出来一吹，火便来了。我小时候看见我们染坊店里的管帐先生，有种种吹煤头纸的特技。我把煤头纸高举在他的额旁边了，他会把下唇伸出来，使风向上吹；我把煤头纸放在他的胸前了，他会把上唇伸出来，使风向下吹；我把煤头纸放在他的耳旁了，他会把嘴歪转来，使风向左右吹；我用手按住了他的嘴，他会用鼻孔吹，都是吹一两下就着火的。中国人对于吹煤头纸技术造诣之深，于此可以窥见。所可惜者，自从卷烟和火柴输入中国而盛行之后，水烟这种"国烟"竟被冷落，吹煤头纸这种"国技"也很不发达。生长在都会里的小孩子，有的竟不会吹，或者连煤头纸这东西也不曾见过。在努力保存国粹的人看来，这也是一种可虑的现象。近来国内有不少人努力于国粹保存。国医、国药、国术、国乐，都有人在那里提倡。也许水烟和煤头纸这种国粹，将来也有人起来提倡，使之复兴。

但我以为这三种技术中最进步最发达的，要算吃瓜子。近来瓜子大王的畅销，便是其老大的证据。据关心此事的人说，瓜子大王一类的装纸袋的瓜子，最近市上流行的有许多牌子。最初是某大药房"用科学方法"创制的，后来有什么"好吃来公司"、"顶好吃公司"……等种种出品陆续产出。到现在差不多无论哪个穷乡僻处的糖食摊上，都有纸袋装的瓜子陈列而倾销着了。现代中国人的精通吃瓜子术，由此盖可想见。我对于此道，一向非常短拙，说出来有伤于中国人的体面，但对自家人不妨谈谈。我从来不曾自动地求找或买瓜子来吃。但到人家做客，受人劝诱时；或者在酒席上、杭州的茶楼上，看见桌上现成放着瓜子盆时，也便拿起来咬。我必须注意选择，选那较大、较厚、而形

[①] 丰子恺：《吃瓜子》，载《伴随》编辑部编著：《人生的乐趣：经典散文中的民俗民生》，北方文艺出版社，2011年，第320～324页。

状平整的瓜子，放进口里，用臼齿"格"地一咬；再吐出来，用手指去剥。幸而咬得恰好，两瓣瓜子壳各向两旁扩张而破裂，瓜仁没有咬碎，剥起来就较为省力。若用力不得其法，两瓣瓜子壳和瓜仁叠在一起而折断了，吐出来的时候我就担忧。那瓜子已纵断为两半，两半瓣的瓜仁紧紧地装塞在两半瓣的瓜子壳中，好像日本版的洋装书，套在很紧的厚纸函中，不容易取它出来。这种洋装书的取出法，现在都已从日本人那里学得，不要把指头塞进厚纸函中去力挖，只要使函口向下，两手扶着函，上下振动数次，洋装书自会脱壳而出。然而半瓣瓜子的形状太小了，不能应用这个方法，我只得用指爪细细地剥取。有时因为练习弹琴，两手的指爪都剪平，和尚头一般的手指对它简直毫无办法。我只得乘人不见把它抛弃了。

　　在痛感困难的时候，我本拟不再吃瓜子了。但抛弃了之后，觉得口中有一种非甜非咸的香味，会引逗我再吃。我便不由地伸起手来，另选一粒，再送交臼齿去咬。不幸而这瓜子太燥，我的用力又太猛，"格"地一响，玉石不分，咬成了无数的碎块，事体就更糟了。我只得把粘着唾液的碎块尽行吐出在手心里，用心挑选，剔去壳的碎块，然后用舌尖舐食瓜仁的碎块。然而这挑选颇不容易，因为壳的碎块的一面也是白色的，与瓜仁无异，我误认为全是瓜仁而舐进口中去嚼，其味虽非嚼蜡，却等于嚼砂。壳的碎片紧紧地嵌进牙齿缝里，找不到牙签就无法取出。碰到这种钉子的时候，我就下个决心，从此戒绝瓜子。戒绝之法，大抵是喝一口茶来漱一漱口，点起一支香烟，或者把瓜子盆推开些，把身体换个方向坐了，以示不再对它发生关系。然而过了几分钟，与别人谈了几句话，不知不觉之间，会跟了别人而伸手向盆中摸瓜子来咬。等到自己觉察破戒的时候，往往是已经咬过好几粒了。这样，吃了非戒不可，戒了非吃不可；吃而复戒，戒而复吃，我为它受尽苦痛。这使我现在想起了瓜子觉得害怕。

　　但我看别人，精通此技的很多。我以为中国人的三种博士才能中，咬瓜子的才能最可叹佩。常见闲散的少爷们，一只手指间夹着一支香烟，一只手握着一把瓜子，且吸且咬，且咬且吃，且吃且谈，且谈且笑。从容自由，真是"交关写意！"他们不须拣选瓜子，也不须用手指去剥。一粒瓜子塞进了口里，只消"格"地一咬，"呸"地一吐，早已把所有的壳吐出，而在那里嚼食瓜子的肉了。那嘴巴真像一具精巧灵敏的机器，不绝地塞进瓜子去，不绝地"格"，"呸"，"格"，"呸"，……全不费力，可以永无罢休。女人们、小姐们的咬瓜子，态度尤加来得美妙；她们用兰花似的手指摘住瓜子的圆端，把瓜子垂直地塞在门牙中间，而用门牙去咬它的尖端。"的，的"两响，两瓣壳的尖头便向左右绽裂。然后那手敏捷地转个方向，同时头也帮着微微地一侧，使瓜子水平地放在门牙口，用上下两门牙把两瓣壳分别拨开，咬住了瓜子肉的尖端而抽它出来吃。这吃法不但"的，的"的声音清脆可听，那手和头的转侧的姿势窈窕得很，有些儿妩媚动人。连丢去的瓜子壳也模样姣好，有如朵朵兰花。由此看来，咬瓜子是中国少爷们的专长，而尤其是中国小姐、太太们的拿手戏。

　　在酒席上、茶楼上，我看见过无数咬瓜子的圣手。近来瓜子大王畅销，我国的小孩子们也都学会了咬瓜子的绝技。我的技术，在国内不如小孩子们远甚，只能在外国人面前占胜。记得从前我在赴横滨的轮船中，与一个日本人同舱。偶检行箧，发见亲友所赠的一罐瓜子。旅途寂寥，我就打开来和日本人共吃。这是他平生没有吃过的东西，他觉得非常珍奇。在这时候，我便老实不客气地装出内行的模样，把吃法教导他，并且示范地吃给他看。托祖国的福，这示范没有失败。但看那日本人的练习，真是可怜的很！他如法将瓜子塞进口中，"格"地一咬，然而咬时不得其法，将唾液把瓜子的外壳全部浸湿，拿在手里剥的时候，滑来滑去，无从下手，终于滑落在地上，无处寻找了。他空咽一口唾液，再选一粒来咬。这回他剥时非常小心，把咬碎了的瓜子陈列在舱中的食桌上，俯伏了头，细细地剥，好像修理钟表的样子。约莫一二分钟之后，好容易剥得了些瓜仁的碎片，郑重地塞进口里去吃。我问他滋味如何，他点点头连称 umai, umai！（好吃，好吃！）我不禁笑了出来。我看他那阔大的嘴里放进一些瓜仁的碎屑，犹如沧海中投以一粟，亏他辨出 umai 的滋味来。但我的笑不仅为这点滑稽，本由于骄矜自夸的心理。我想，这毕竟是中国人独得的技术，像我这样对于此道最拙劣的人，也能在外国人面前占胜，何况国内无数精通此道的少爷、小姐们呢？

　　发明吃瓜子的人，真是一个了不起的天才！这是一种最有效的"消闲"法。要"消磨岁月"，除了抽鸦片以外，没有比吃瓜子更好的方法了。其所以最有效者，为了它具备三个条件：一、吃不厌；二、吃不饱；三、要剥壳。

　　俗语形容瓜子吃不厌，叫做"勿完勿歇"。为了它有一种非甜非咸的香味，能引逗人不断地要吃。想再吃一粒不吃了，但是嚼完吞下之后，口中余香不绝，不由你不再伸手向盆中或纸包里去摸。我们吃东西，凡一味甜的，或一味咸的，往往易于吃厌。只有非甜非咸的，可以久吃不厌。瓜子的百吃不厌，便是为此。有一位老于应酬的朋友告诉我一段吃瓜子的趣话：说他已养成了见瓜子就吃的习惯。有一次同了朋友到戏馆里看戏，坐定之后，看见茶壶的旁边放着一包打开的瓜子，便随手向包里掏取几粒，一面咬着，一面看戏。咬完了再取，取了再咬。如是数次，发现邻席的不相识的观剧者也来掏取，方才想起了这包瓜子的所有权。低声问他的朋友："这包瓜子是你买来的么？"那朋友说："不。"他才知道刚才是擅吃了人家的东西，便向邻座的人道歉。邻座的人很漂亮，付之一笑，索性正式地把瓜子请客了。由此可知瓜子这样东西，对中国人有非常的吸引力，不管三七二十一，见了瓜子就吃。

　　俗语形容瓜子吃不饱，叫做"吃三日三夜，长个屎尖头。"因为这东西分量微小，无论如何也吃不饱，连吃三日三夜，也不过多排泄一粒屎尖头。为消闲计，这是很重要的一个条件。倘分量大了，一吃就饱，时间就无法消磨。这与赈饥的粮食目的完全相反。赈饥的粮食求其吃得饱，消闲的粮食求其吃不饱。最好只尝滋味而不吞物质。最好越吃越饿，像罗马亡国之前所流行的"吐剂"一样，则开筵大嚼，醉饱之后，咬一下瓜子可以再来开筵大嚼。一直把时间消磨下去。

　　要剥壳也是消闲食品的一个必要条件。倘没有壳，吃起来太便当，容易饱，时间就不能多多消磨了。一定要剥，而且剥的技术要有声有色，使它不像一种苦工，而像一种游戏，方才适合于有闲阶级的生活，可让他们愉快地把时间消磨下去。具足以上三个利于消磨时间的条件的，在世间一切食物之中，想来想去，只有瓜子。所以我说发明吃瓜子的人是了不起的天才。而能尽量地享用瓜子的中国人，在消闲一道上，真是了不起的积极的实行家！试看糖食店、南货店里的瓜子的畅销，试看茶楼、酒店、家庭中满地的瓜子壳，便可想见中国人在"格，呸"、"的、的"的声音中消磨去的时间，每年统计起来为数一定可惊。将来此道发展起来,恐怕是全中国也可消灭在"格,呸"、"的、的"的声音中呢。

我本来见瓜子害怕,写到这里,觉得更加害怕了。

4. 卞之琳诗选(节选)①

寒夜

一炉火。一星灯光。
　老陈捧着个茶杯,
对面坐的是老张。
老张衔着个烟卷;
　老陈喝完了热水。
他们(眼皮已半掩)
看着青烟飘荡地
　消着,(又像带着醉)
看着煤块很黄的
烧着,哦,他们昏昏
　沉沉的,像已半睡……
当!哪儿来的钟声?
听两下,三下,四下。……
　沙沙,有人在院内
跑着,"下雪了,真大!"

夜心里的街心
——记梦

他一个人彷徨
在夜心里的街心,
街心对他轻轻的讲:

"我最恨
轻狂的汽车轮
一抽

---

① 卞之琳:《中国新诗库·中国现代新诗经典·卞之琳诗选》,长江文艺出版社,2003年,第3～4页,第9～10页,第14～15页,第16～17页。

便给了我两条伤痕；

"我最爱
耐苦的骆驼
一抚
便留下大花儿几朵。

"可是你，
你在夜心里
乱迈什么步，
没轻没重的，
没来由
踏碎了我的梦。"
他半句话也没有

一片白沙
轻轻的扬起——
倒代替他

长的是

长的是斜斜的淡淡的影子
枯树的，树下走着的老人的
和老人撑着的手杖的影子，
都在墙上，晚照里的红墙上，
红墙也很长，墙外的蓝天，
北方的蓝天也很长，很长。
啊！老人家，这道儿你一定
觉得是长的，这冬天的日子
也觉得长吧？是的，我相信。
看我也走近来了，真不妨
一路谈谈话儿，谈谈话儿呢。
可是我们却一声不响，
只是跟着各人的影子
走着，走着……

影子

一秋天，唉，我常觉得

身边仿佛丢了件什么东西,
使我更寂寞了:是个影子,
是的,丢在那江南的田野中,
虽是瘦长点,你知道,那就是
老跟着你在斜阳下徘徊的。

现在寒夜了,你看炉边的
墙上有个影子陪着我发呆:
也沉默,也低头,到底是知己呵!
虽是神情恍惚些,我认为,
这是你暗里打发来的,远迢迢,
远迢迢的到这古城里来的。

我也想送个影子给你呢,
奈早已不清楚了:你是在哪儿。

5. 温一壶月光下酒(节选)[①]

煮雪

传说在北极的人因为天寒地冻,一开口说话就结成冰雪,对方听不见,只好回家慢慢地烤来听⋯⋯

这是个极度浪漫的传说,想是多情的南方人编出来的。

可是,我们假设说话结冰是真有其事,也是颇有困难,试想:回家烤雪煮雪的时候要用什么火呢?因为人的言谈是有情绪的,煮得太慢或太快都不足以表达说话的情绪。

如果我生在北极,可能要为煮的问题烦恼半天,与性急的人交谈,回家要用大火煮烤;与性温的人交谈,回家要用文火。倘若与人吵架呢?回家一定要生个烈火,才能声闻当时哔哔剥剥的火爆声。

遇到谈情说爱的时候,回家就要仔细酿造当时的气氛,先用情诗情词裁冰,把它切成细细的碎片,加上一点酒来煮,那么,煮出来的话便能使人微醉。倘若情浓,则不可以用炉火,要用烛火再加一杯咖啡,才不会醉得太厉害,还能维持一丝清醒。

遇到不喜欢的人不喜欢的话就好办了,把结成的冰随意弃置就可以了。爱听的话则可以煮一半,留一半他日细细品尝,住在北极的人真是太幸福了。

但是幸福也不常驻,有时候天气太冷,火生不起来,是让人着急的,只好拿着冰雪

[①] 林清玄:《林清玄散文》,浙江文艺出版社,2008年,第29~30页。

用手慢慢让它溶化，边溶边听。遇到性急的人恐怕要用雪往墙上摔，摔得力小时听不见，摔得用力则声震屋瓦，造成噪音。

我向往北极说话的浪漫世界，那是个宁静祥和又能自己制造生活的世界，在我们这个到处都是噪音的时代里，有时候我会希望大家说出来的话都结成冰雪，回家如何处理是自家的事，谁也管不着。尤其是人多要开些无聊的会议时，可以把那块嘈杂的大雪球扔在家前的阴沟里，让它永远见不到天日。

斯时斯地，煮雪恐怕要变成一种学问，生命经验丰富的人可以依据雪的大小、成色，专门帮人煮雪为生；因为要煮得恰到好处和说话时恰如其分一样，确实不易。年轻的恋人们则可以去借别人的"情雪"，借别人的雪来浇自己心中的块垒。

如果失恋，等不到冰雪尽溶的时候，就放一把火把雪屋都烧了，烧成另一个春天。

第十五单元

1. 南吕·一枝花[①]

不伏老

攀出墙朵朵花，折临路枝枝柳。花攀红蕊嫩，柳折翠条柔，浪子风流。凭着我折柳攀花手，直煞得花残柳败休。半生来倚翠偎红，一世里眠花卧柳。

〔梁州第七〕我是个普天下郎君领袖，盖世界浪子班头。愿朱颜不改常依旧，花中消遣，酒内忘忧；分茶攧竹，打马藏阄。通五音六律滑熟，甚闲愁到我心头？伴的是银筝女银台前理银筝笑倚银屏，伴的是玉天仙携玉手并玉肩同登玉楼，伴的是金钗客歌金缕捧金樽满泛金瓯。你道我老也，暂休，占排场风月功名首，更玲珑又剔透。我是个锦阵花营都帅头，曾玩府游州。

〔隔尾〕子弟每是个茅草冈、沙土窝、初生的兔羔儿乍向围场上走，我是个经笼罩、受索网、苍翎毛老野鸡，蹅踏的阵马儿熟。经了些窝弓冷箭蜡枪头，不曾落人后。恰不道人到中年万事休，我怎肯虚度了春秋！

〔尾〕我是个蒸不烂、煮不熟、捶不匾、炒不爆、响当当一粒铜豌豆，恁子弟每谁教你钻入他锄不断、斫不下、解不开、顿不脱、慢腾腾千层锦套头。我玩的是梁园月，饮的是东京酒；赏的是洛阳花，攀的是章台柳。我也会围棋、会蹴鞠、会打围、会插科、会歌舞、会吹弹、会咽作、会吟诗、会双陆，你便是落了我牙、歪了我嘴、瘸了我腿、折了我手，天赐与我这几般儿歹症候，尚兀自不肯休。则除是阎王亲自唤，神鬼自来勾，三魂归地府，七魄丧冥幽。天那，那其间才不向烟花路儿上走！

2. 朋友（节选）[②]

朋友是暂时的，家庭是永久的。在好些人的行为里我发现了这个信条。这个信条在

---

① 关汉卿：《窦娥冤：关汉卿选集》，康保成、李树玲选著，人民文学出版社，2018年，第225~226页。
② 巴金：《朋友》，载《英译中国现代散文选：汉、英对照》，张培基译注，上海外语教育出版社，1999年，第95~96页。

我实在是不可理解的。对于我,要是没有朋友,我现在会变成怎样可怜的东西,我自己也不知道。

然而朋友们把我救了。他们给了我家庭所不能给的东西。他们的友爱,他们的帮助,他们的鼓励,几次把我从深渊的边沿救回来。他们对我表示了无限的慷慨。

我的生活曾经是悲苦的,黑暗的。然而朋友们把多量的同情,多量的爱,多量的欢乐,多量的眼泪分了给我,这些东西都是生存所必需的。这些不要报答的慷慨的施舍,使我的生活里也有了温暖,有了幸福。我默默地接受了它们。我并不曾说过一句感激的话,我也没有做过一件报答的行为。但是朋友们却不把自私的形容词加到我的身上。对于我,他们太慷慨了。

这一次我走了许多新地方,看见了许多新朋友。我的生活是忙碌的:忙着看,忙着听,忙着说,忙着走。但是我不曾遇到一点困难,朋友们给我准备好了一切,使我不会缺少什么。我每走到一个新地方,我就像回到我那个在上海被日本兵毁掉的旧居一样。

每一个朋友,不管他自己的生活是怎样苦,怎样简单,也要慷慨地分一些东西给我,虽然明知道我不能够报答他。有些朋友,连他们的名字我以前也不知道,他们却关心我的健康,处处打听我的"病况",直到他们看见了我那被日光晒黑了的脸和膀子,他们才放心地微笑了。这种情形的确值得人掉眼泪。

有人相信我不写文章就不能够生活。两个月以前,一个同情我的上海朋友寄稿到《广州民国日报》的副刊,说了许多关于我的生活的话。他也说我一天不写文章第二天就没有饭吃。这是不确实的。这次旅行就给我证明:即使我不再写一个字,朋友们也不肯让我冻馁。世间还有许多慷慨的人,他们并不把自己个人和家庭看得异常重要,超过一切。靠了他们我才能够活到现在,而且靠了他们我还要活下去。

朋友们给我的东西是太多、太多了。我将怎样报答他们呢?但是我知道他们是不需要报答的。

最近我在一个法国哲学家的书里读到了这样的话:"生命的一个条件就是消费……世间有一种不能跟生存分开的慷慨,要是没有了它,我们就会死,就会从内部干枯。我们必须开花。道德,无私心就是人生的花。"

在我的眼前开放着这么多的人生的花朵了。我的生命要到什么时候才会开花?难道我已经是"内部干枯"了么?

一个朋友说过:"我若是灯,我就要用我的光明来照彻黑暗。"

我不配做一盏明灯。那么就让我做一块木柴罢。我愿意把我从太阳那里受到的热放散出来,我愿意把自己烧得粉身碎骨给人间添一点点温暖。

3. 北京的春风[①]

这一年,春天来的较早。在我满月的前几天,北京已经刮过两三次大风。是的,北

[①] 老舍:《想北平:老舍笔下的北京》,舒乙编,百花文艺出版社,2012年,第1~3页。

京的春风似乎不是把春天送来，而是狂暴地要把春天吹跑。在那年月，人们只知道砍树，不晓得栽树，慢慢的山成了秃山，地成了光地。从前，就连我们的小小的坟地上也有三五株柏树，可是到我父亲这一辈，这已经变为传说了。北边的秃山挡不住来自塞外的狂风，北京的城墙，虽然那么坚厚，也挡不住它。寒风，卷着黄沙，鬼哭神号地吹来，天昏地昏，日月无光。青天变成黄天，降落着黄沙。地上，含有马尿驴粪的黑土与鸡毛蒜皮一齐得意地飞向天空。半空中，黑黄上下，渐渐混合，结成一片深灰的沙雾，遮住阳光。太阳所在的地方，黄中透出红来，象凝固了的血块。

　　风来了，铺户外的冲天牌楼唧唧吱吱地乱响，布幌子吹碎，带来不知多少里外的马嘶牛鸣。大树把梢头低得不能再低，干枝子与干槐豆纷纷降落，树杈上的鸦巢七零八散。甬路与便道上所有的灰土似乎都飞起来，对面不见人。不能不出门的人们，象鱼在惊涛骇浪中挣扎，顺着风走的身不自主地向前飞奔；逆着风走的两腿向前，而身子后退。他们的身上、脸上落满了黑土，象刚由地下钻出来；发红的眼睛不断流出泪来，给鼻子两旁冲出两条小泥沟。

　　那在屋中的苦人们，觉得山墙在摇动，屋瓦被揭开，不知哪一会儿就连房带人一齐被刮到什么地方去。风从四面八方吹进来，把一点点暖气都排挤出去，水缸里白天就冻了冰。桌上、炕上，落满了腥臭的灰土，连正在熬开了的豆汁，也中间翻着白浪，而锅边上是黑黑的一圈。

　　一会儿，风从高空呼啸而去；一会儿，又擦着地皮袭来，击撞着院墙，呼隆呼隆地乱响，把院中的破纸与干草叶儿刮得不知上哪里去才好。一阵风过去，大家一齐吐一口气，心由高处落回原位。可是，风又来了，使人感到眩晕。天、地，连皇城的红墙与金銮宝殿似乎都在颤抖。太阳失去光芒，北京变成任凭飞沙走石横行无忌的场所。狂风怕日落，大家都盼着那不象样子的太阳及早落下去。傍晚，果然静寂下来。大树的枝条又都直起来，虽然还时时轻摆，可显着轻松高兴。院里比刚刚扫过还更干净，破纸什么的都不知去向，只偶然有那么一两片藏在墙角里。窗棂上堆着些小小的坟头儿，土极干极细。窗台上这里厚些，那里薄些，堆着一片片的浅黄色细土，象沙滩在水退之后，留下水溜的痕迹。大家心中安定了一些，都盼望明天没有一点儿风。可是，谁知道准怎么样呢！那时候，没有天气预报啊。

　　要不怎么说，我的福气不小呢！我满月的那一天，不但没有风，而且青天上来了北归较早的大雁。虽然是不多的几只，可是清亮的鸣声使大家都跑到院中，抬着头指指点点，并且念道着："七九河开，八九雁来"，都很兴奋。大家也附带着发现，台阶的砖缝里露出一小丛嫩绿的香蒿叶儿来。二姐马上要脱去大棉袄，被母亲喝止住："不许脱！春捂秋冻！"

4. 湖（节选）[①]

瓦尔登的景色也是谦冲为怀，虽然很美，但不壮观，不曾多次到这里来的人，或不曾住在湖滨的，不会感到太大的兴趣；然而这湖的深度以及湖水的洁净却名闻遐迩，值得加以特殊描写。这是一泓澄清深绿的湖水，半里长，方圆一又四分之三里，总面积约六十一亩又半；源源不断的泉水来自松树橡树森林间，除去雨水与蒸发外，看不出有任何进水口或出水口。环湖小山突出水面约四十至八十尺高，虽然东南面与东面分别高达一百和一百五十尺，距湖分别为四分之一和三分之一里远。四局林地环绕。

康科德的所有湖泊至少都有两种颜色，远看是一种颜色，近看又是另一种颜色。远看更取决于天空阴晴晦明的影响。在晴朗的天气，在夏天，在稍远处看，尤其是当湖面被风吹皱时，水呈蓝色；然而在遥远处看，在任何天气情况之下皆呈一色。在暴风雨的天气，有时呈现出蓝灰色。据说大气即使没有可见的变化，海的颜色仍然是一天蓝另一天绿的。当我们河流里的水与冰都近乎草绿之时，我曾对之加以观察，知道是由于冰雪覆盖山川的原因。有人认为蓝色为"纯净之水的正确颜色，不管是液体或固体"。但是，从船上直接往我们湖水里下望，却能看到不同的颜色。

即使从同一角度看，瓦尔登湖也是一时蓝，一时绿。躺在天地之间，它分享了两者的颜色。从小山头望去，它反映着天空的色彩，近而观之，紧接岸边，是那沙的黄色，接着淡绿，越往里颜色越加深，到湖中央时，已变成统一的暗绿了。在某些天色下，从小山头望去，即使湖的近岸也呈现着鲜明的绿色。有人将此归功于山林草木葱绿的折射；但沿着铁路那段水中沙岸也是同样新绿，而在春天树叶尚未开展以前也是如此；因而这可能是湖的强烈蓝色与沙岸的黄色混合而成的结果。这里的香蒲草也呈这种颜色。同样也是此一部分，在春天的时候由于那里的冰承受了从湖底折射出来的阳光热力，及从泥土里传来的热力这两种力量的影响，最先融化，形成一条狭窄的沟渠，流穿仍为冰封的湖中。像我们其他的湖水一样，在晴朗无云的天气里，受了风的不断吹袭，湖面上的波浪便能以直角反射天空。或是由于湖水里混杂了更多的光线，所以隔着一小段距离望去，湖水较天空本身更为深蓝；当是时也，置身湖面，以分散的目光环视湖上的反射，但见一种无与伦比的无法描写的、如绫纹或颜色闪变的丝绸布或剑刃的反射所显示者、较天空本身更天蓝的浅蓝色，与波浪另一面原有的墨绿色，一明一暗，交替出现，而波浪背向阳光墨绿色的一面较反射阳光浅蓝色的一面，出现较迟，看来也较混浊。就我所记忆，这蓝色像是透明的淡绿色玻璃，也像是在冬天日落前从西天云端中远望过去的片片蓝天。若仅盛一杯湖水在亮光下视之，则湖水之无色，犹如同量之空气。大家皆知，一块厚玻璃板会现出绿色，如其制造者所说，此乃"体积"使然，但一小片同质玻璃却是无色。究竟多大体积的瓦尔登湖水才会现出绿色，我并不曾实验过。我们的河水，若站在河边俯视，则像多数湖水一样，呈现黑色或深褐色，但若沐浴其中，河水会

[①] 梭罗：《瓦尔登湖》，孔繁云译，贵州人民出版社，2010年，第143~144页。

使泳者的身体略现黄色；可是瓦尔登的湖水，却是如此澄澈洁净，以致令泳者的肤色显得有些苍白，更不自然的是在水中被放大和扭曲了的四肢所产生的怪异印象，是适合像米开朗基罗那样的大画家研究的对象。

5. *We Choose to Go to the Moon* （excerpts）[①]

We meet at a college noted for knowledge, in a city noted for progress, in a state noted for strength, and we stand in need of all three, for we meet in an hour of change and challenge, in a decade of hope and fear, in an age of both knowledge and ignorance. The greater our knowledge increases, the greater our ignorance unfolds.

Despite the striking fact that most of the scientists that the world has ever known are alive and working today, despite the fact that this Nation's own scientific manpower is doubling every 12 years in a rate of growth more than three times that of our population as a whole, despite that, the vast stretches of the unknown and the unanswered and the unfinished still far outstrip our collective comprehension.

…

Those who came before us made certain that this country rode the first waves of the industrial revolution, the first waves of modern invention, and the first wave of nuclear power, and this generation does not intend to founder in the backwash of the coming age of space. We mean to be a part of it—we mean to lead it. For the eyes of the world now look into space, to the moon and to the planets beyond, and we have vowed that we shall not see it governed by a hostile flag of conquest, but by a banner of freedom and peace. We have vowed that we shall not see space filled with weapons of mass destruction, but with instruments of knowledge and understanding.

…

Many years ago the great British explorer George Mallory, who was to die on Mount Everest, was asked why did he want to climb it. He said, "Because it is there."

Well, space is there, and we're going to climb it, and the moon and the planets are there, and new hopes for knowledge and peace are there. And, therefore, as we set sail we ask God's blessing on the most hazardous and dangerous and greatest adventure on which man has ever embarked.

Thank you.

[①] John Kennedy：We Choose to Go to the Moon，彭卫才等编译：《英语演讲辞精选》，湖南人民出版社，2004 年，第 285~286 页。

第十六单元

1. 临江仙《廿一史弹词》第三段说秦汉开场词[①]

滚滚长江东逝水,浪花淘尽英雄。是非成败转头空。青山依旧在,几度夕阳红。白发渔樵江渚上,惯看秋月春风。一壶浊酒喜相逢。古今多少事,都付笑谈中。

2. 项脊轩志（节选）[②]

然余居于此,多可喜,亦多可悲。先是,庭中通南北为一。迨诸父异爨,内外多置小门墙,往往而是。东犬西吠,客逾庖而宴,鸡栖于厅。庭中始为篱,已为墙,凡再变矣。家有老妪,尝居于此。妪,先大母婢也,乳二世,先妣抚之甚厚。室西连于中闺,先妣尝一至。妪每谓余曰:"某所,而母立于兹。"妪又曰:"汝姊在吾怀,呱呱而泣;娘以指叩门扉曰:'儿寒乎?欲食乎?'吾从板外相为应答。"语未毕,余泣,妪亦泣。余自束发读书轩中,一日,大母过余曰:"吾儿,久不见若影,何竟日默默在此,大类女郎也?"比去,以手阖门,自语曰:"吾家读书久不效,儿之成,则可待乎!"顷之,持一象笏至,曰:"此吾祖太常公宣德间执此以朝,他日汝当用之!"瞻顾遗迹,如在昨日,令人长号不自禁。

轩东故尝为厨,人往,从轩前过。余扃牖而居,久之,能以足音辨人。轩凡四遭火,得不焚,殆有神护者。

项脊生曰:"蜀清守丹穴,利甲天下,其后秦皇帝筑女怀清台。刘玄德与曹操争天下,诸葛孔明起陇中,方二人之昧昧于一隅也,世何足以知之?余区区处败屋中,方扬眉瞬目,谓有奇景;人知之者,其谓与坎井音（kǎn,同"坎"）之蛙何异?"

余既为此志,后五年,吾妻来归,时至轩中,从余问古事,或凭几学书。吾妻归宁,述诸小妹语曰:"闻姊家有阁子,且何谓阁子也?"其后六年,吾妻死,室坏不修。其后二年,余久卧病无聊,乃使人复葺南阁子,其制稍异于前。然自后余多在外,不

[①] 夏承焘、张璋编选:《金元明清词选》,人民文学出版社,2005年,第249页。
[②] 归有光:《项脊轩志》,刘月新、邓新华主编:《文学欣赏举隅》,华中师范大学出版社,2013年,第89~90页。

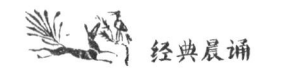

常居。

庭有枇杷树，吾妻死之年所手植也，今已亭亭如盖矣。

3. 铁马的歌①

天晴，天阴，
轻的像浮云，
隐逸在山林：
丁宁丁宁！

不祈祷风，
不祈祷山灵。
风吹时我动，
风停我停。

没有忧愁，
也没有欢欣；
我总是古旧，
总是清新。

我是古庙
一个小风铃。
太阳向我笑，
绣上了金。

也许有天
上帝教我静，
我飞上云边
变一颗星。

4. 九月②

目击众神死亡的草原上野花一片

---

① 陈梦家：《中国新诗经典·梦家诗集》，浙江文艺出版社，1997年，第124~125页。
② 海子：《海子的诗》，人民文学出版社，2013年，第32页。

远在远方的风比远方更远

我的琴声呜咽　泪水全无

我把这远方的远归还草原

一个叫木头　一个叫马尾

我的琴声呜咽　泪水全无

远方只有在死亡中凝聚野花一片

明月如镜　高悬草原　映照千年岁月

我的琴声呜咽　泪水全无

只身打马过草原

5. 月光奏鸣曲[①]

一

　　对父亲的依恋、皮娅的冷漠、我的敌手的顽强，有关这一切的回忆和顾虑给我带来的疲惫比起旅途劳累来有过之而无不及。白天陪伴我的阿森塔跟我不大熟悉，可是她的歌声，她对我的那份柔情，她美丽的红、白、棕色混杂的肤色，那在阵阵海风中持久不散的幽香，她帽子上的羽毛以及她脖颈上的珍珠却化解了我的疲劳。晚上九点左右，我感到精疲力竭，我请她乘车回家，让我留在野外稍事休息。她表示同意后，就离我而去。我们离翁弗勒仅有咫尺之遥；那里的地势得天独厚，背倚一堵山墙，入口处的林荫道旁有两行挡风的参天大树，空气中透出丝丝甜味。我躺在草地上，面向阴沉的天空。我听见身后大海的涛声在轻轻摇荡。黑暗中我看不清大海。我立即昏昏欲睡。

　　我很快进入了梦乡，在我面前，夕阳映照着远方的沙滩和大海。夜幕降临了，这里的夕阳、黄昏与所有地方的夕阳、黄昏好像没有区别。这时，有人给我送来一封信，我想看却什么也看不清楚。我只觉得天色昏暗，尽管印象中光线又强又亮。这夕阳异常苍白，亮而无光，奇迹般地照亮了黑沉沉的沙滩，我好不容易才辨认出一只贝壳。这个梦幻中的特殊黄昏宛若极地的沙滩上病态而又退（褪）色的夕阳。我的忧郁顿时烟消云散，父亲的决定、皮娅的情感、我的敌人的欺诈犹如一种出自天性而又无关痛痒的需要仍然萦绕着我却无法将我压垮。昏暗与灿烂的矛盾、魔法般地中止了我的痛楚的奇迹并没有让我产生任何疑虑和恐惧，然而我却被包围、沉浸和淹没在逐渐增长的柔情之中，这种愈演愈烈、愉快美妙的情感最终将我唤醒。我睁开双眼，那辉煌而又暗淡的梦依然在我身边展现。我瞌睡时倚靠的那堵墙十分明亮，墙上常春藤长长的阴影轮廓分明，仿佛那是在下午四点。一株荷兰杨树的树叶在一阵难以觉察的微风中翻动、闪烁。海面上波浪和白帆依稀可见，天清气朗，月亮冉冉升起；浮云不时从月亮前掠过，染上深深浅

[①] 马塞尔·普鲁斯特：《普鲁斯特随笔集》，张小鲁译，海天出版社，1993年，第21~24页。

浅的蓝色，苍白得就像蛇发女怪梅杜莎的寒霜或蛋白石的核心。然而我的眼睛却根本无法捕捉遍地的光明。在幻景中闪亮的黑暗仍在草地上持续，树林、沟渠一团漆黑。突然间，一阵轻微的声音犹如焦虑缓缓醒来，迅速壮大，越过整个树林。那是微风揉搓树叶发出的簌簌声。我听见一阵阵微风波涛般地在整个夜深人静的暗夜翻卷。随后这声音逐渐减低直至消失。我面前夹在两行浓荫覆盖的橡树之间的狭小草坪中似乎流淌着一条光亮之河，两边是阴影的堤岸。月光召唤着被黑夜淹没的岗哨、树叶和船帆，却并不唤醒它们。在这万籁俱寂的时刻，月光仅仅映照出它们外表的模糊身影，让人无法辨认它们的轮廓，而白天看起来分明实在的这些轮廓则以它们确切的形状和永远平庸的氛围压迫我。缺少门扉的房屋、几乎没有枝杈没有树叶的树木、无帆的船犹如沉浸在暗夜中酣睡的树木离奇飘忽而又明媚的梦，那不是一种残酷得不能否认、单调得千篇一律的现实。树林陷入深深的酣睡之中，让人感受到月亮正利用树林的沉睡不动声色地在天空和大海中举行这个暗淡而又甜蜜的节日盛典。我的忧伤烟消云散。我听到父亲对我的训斥，皮娅对我的嘲讽，我的敌人策划的阴谋，这一切在我看来都不真切。唯一的现实就存在于这种不现实的光亮之中，我微笑着乞讨这种现实。我不明白究竟是哪种神秘的相似性把我的痛苦与树林、天空以及大海欢庆的盛大秘密连接在一起，然而我却感觉到它们高声说出的解释、安慰和道歉。我的智慧有没有触及这个秘密无关紧要，因为我的心灵分明听到了这种声音。我在深夜里以它的名义呼唤我的圣母，我的忧伤从月亮中认出它那不朽的姐妹，月光照亮了黑夜中变形的痛苦和我的心，驱散了乌云，消除了忧愁。

二

我听到了脚步声。阿森塔朝我走来，宽松的深色大衣上露出了她白皙的脸。她略微压低嗓音对我说："我的兄弟已经睡觉，我怕您着凉就回来了。"我走近她，我在颤抖。她把我揽在她的大衣里，一只手拉着大衣下摆绕过我的脖颈。我们在昏暗的树林底下走了几步。有什么东西在我们前面发亮，我来不及退避，往旁边一闪，好像我们绊到了一段树桩上，那障碍物就隐藏在我们脚下。我们在月光中行走，我把她的头凑近我的头。她微微一笑，我流下眼泪。我看见她也在哭。我们明白，哭泣的是月亮，它把自己的忧伤融入我们的忧伤。月光令人心碎，它甜蜜温馨的音符深入我们的心坎。月光在哭泣，就像我们。月光不知为何而哭，我们也几乎永远不知道自己为何哭泣，然而月光却刻骨铭心地感觉到它那温情脉脉而又不可抗拒的绝望之中蕴含着树林、田野、天空，它再度映照着大海，而我的心终于看清了它的心。

第十七单元

1. 梦粱录（节选）[①]

七夕

七月七日，谓之"七夕节"。其日晚晡时，倾城儿童、女子，不论贫富，皆着新衣。富贵之家，于高楼危榭，安排筵会，以赏节序。又于广庭中设香案及酒果，遂令女郎望月，瞻斗列拜，次乞巧于女、牛。或取小蜘蛛，以金银小盒儿盛之，次早观其网丝圆正，名曰"得巧"。内庭与贵宅皆塑卖"磨喝乐"，又名"摩睺罗孩儿"，悉以土木雕塑，更以造彩装襴座，用碧纱罩笼之，下以桌面架之，用青绿销金桌衣围护，或以金玉珠翠装饰尤佳。

又于数日前，以红熬鸡、果实、时新果品互相馈送。禁中意思蜜煎局亦以"鹊桥仙"故事，先以水蜜木瓜进入。市井儿童手执新荷叶，效"摩睺罗"之状。此东都流传，至今不改，不知出何文记也。

八月

八月上旬丁日，太、宗、武、府、庠、县学俱行秋丁释奠礼。秋社日，朝廷及州县差官祭社稷于坛，盖春祈而秋报也。秋社日，有士庶家妻女归外家回，皆以新葫芦儿、枣儿等为遗，俗谚云谓之"宜良外甥儿"之兆耳。中秋前，诸酒库中申明点检所，择日排办迎新，帅府率本州军伍及九县场巡尉军卒，并节制殿步两司军马，往蒲桥教场教阅，都人观睹，尤盛于春季也。

中秋

八月十五日中秋节，此日三秋恰半，故谓之"中秋"。此夜月色倍明于常时，又谓之"月夕"。此际金风荐爽、玉露生凉、丹桂香飘、银蟾光满；王孙公子、富家巨室，莫不登危楼、临轩玩月；或开广榭，玳筵罗列，琴瑟铿锵，酌酒高歌，以卜竟夕之欢。至如铺席之家，亦登小小月台，安排家宴，团圆子女，以酬佳节。虽陋巷贫窭之人，解

[①] 吴自牧撰：《梦粱录：全两册》，中国商业出版社，2023年，第90～99页。

衣市酒，勉强迎欢，不肯虚度。此夜天街卖买，直到五鼓，玩月游人，婆娑于市，至晚不绝。盖金吾不禁故也。

解闱

　　三年一次。八月十五日，放贡举应试，诸州、郡、县及各路运司，并于此日放试。其本州贡院，止放本州诸县应举士人。运司放一路寓居士人，及有官文武举人，并宗女夫等。本州贡院在钱塘门外王家桥，运司贡院在湖州市。三学生员就礼部贡院赴解试，宰执、侍从、在朝文武官子侄等并于国子监牒试。则就州县，并于十五日为头排，日试三场。若诸州、府及各漕司，亦于十五日放试。

　　其诸处贡院前赁待试房舍，虽一榻之屋，赁金不下数十楮。亲朋馈送赴解士人点心，则曰"黄甲头魁鸡"。以德物称之，是为佳谶。杭城辇毂之地，恩例特优。本州原解额七十名，今增作八十九名。诸州各有定额，两浙运司寓试士人约一百名取一名，有官文武人及登仕郎皆十人取一人。国子牒试则五人取一名。太、宗、武学士人约四五人取一名。举州贡院放榜之际，帅臣亲往院中，开拆一银牌，亲书得解人姓名，付捷音往报。诸路州郡供设"鹿鸣宴"待贡士。又取程文次者为待补，名数无定额，伺来岁胡廷放补，诸州路得补士人皆到都就试，中榜者则入太学为生员，免三学。得补者经吏部给授绫缙，然后参学。此朝廷待士之重，功名皆自此发轫也。

2. 腊八粥[①]

　　初学喊爸爸的小孩子，会出门叫洋车了的大孩子，嘴巴上长了许多白胡胡的老孩子，提到腊八粥，谁不口上就立时生一种甜甜的腻腻的感觉呢。把小米，饭豆，枣，栗，白糖，花生仁儿合并拢来糊糊涂涂煮成一锅，让它在锅中叹气似的沸腾着，单看它那叹气样儿，闻闻那种香味，就够咽三口以上的唾沫了，何况是，大碗大碗的装着，大匙大匙朝口里塞灌呢！

　　住方家大院的八儿，今天喜得快要发疯了。一个人出出进进灶房，看到那一大锅正在叹气的粥，碗盏都已预备得整齐摆到灶边好久了，但他妈总说是时候还早。

　　他妈正拿起一把锅铲在粥里搅和。锅里的粥也像是益发浓稠了。

　　"妈，妈，要到什么时候才……"

　　"要到夜里！"其实他妈所说的夜里，并不是上灯以后。但八儿听了这种松劲的话，眼睛可急红了。锅子中，有声无力的叹气正还在继续。

　　"那我饿了！"八儿要哭的样子。

　　"饿了，也得到太阳落下时才准吃。"

　　饿了，也得到太阳落下时才准吃。你们想，妈的命令，看羊还不够资格的八儿，难

[①] 沈从文：《腊八粥》，张美妮、金燕玉主编：《百年中国儿童文学精品文丛　小说卷（1~3）》，新世纪出版社，2001年，第52~56页。

道还能设什么法来反抗吗?并且八儿所说的饿,也不可靠,不过因为一进灶房,就听到那锅子中叹气又像是正在呻唤的东西,因好奇而急于想尝尝这奇怪东西罢了。

"妈,妈,等一下我要吃三碗!我们只准大哥吃一碗。大哥同爹都吃不得甜的,我们俩光吃甜的也行……妈,妈,你吃三碗我也吃三碗,大哥同爹只准各吃一碗;一共八碗,是吗?"

"是呀!孥孥说得对。"

"要不然我吃三碗半,你就吃两碗半……"

"卜……"锅内又叹了声气。八儿回过头来了。

比灶矮了许多的八儿,回过头来的结果,亦不过是看到一股淡淡烟气往上一冲而已!

锅中的一切,这在八儿,只能猜想……栗子会已稀烂到认不清楚了罢,赤饭豆会煮得浑身透肿成了患水臌胀病那样子了罢,花生仁儿吃来总已是面东东的了!枣子必大了三四倍——要是真的干红枣也有那么大,那就妙极了!糖若作多了,它会起锅巴……

"妈,妈,你抱我起来看看罢!"于是妈就如八儿所求的把他抱了起来。

"呃……"他惊异得喊起来了,锅中的一切已进了他的眼中。

这不能不说是奇怪呀,栗子跌进锅里,不久就得粉碎,那是他知道的。他曾见过跌进到黄焖鸡锅子里的一群栗子,不久就融掉了。赤饭豆害水臌肿,那也是往常熬粥时常见的事。

花生仁儿脱了他的红外套,这是不消说的事。锅巴,正是围了锅边成一圈。总之,一切都成了如他所猜的样子了,但他却不想到今日粥的颜色是深褐。

"怎么,黑的!"八儿还同时想起染缸里的脏水。

"枣子同赤豆搁多了。"妈的解释的结果,是捡了一枚特别大得吓人的赤枣给了八儿。

虽说是枣子同饭豆搁得多了一点,但大家都承认味道是比普通的粥要好吃得多了。

夜饭桌边,靠到他妈斜立着的八儿,肚子已成了一面小鼓。如在热天,总免不了又要为他妈的手掌麻烦一番罢。在他身边桌上那两只筷子,很浪漫的摆成一个十字。桌上那大青花碗中的半碗陈腊肉,八儿的爹同妈也都奈何它不来了。

"妈,妈,你喊哈叭出去了罢!讨厌死了,尽到别人脚下钻!"

若不是八儿脚下弃得腊肉皮骨格外多,哈叭也不会单同他来那么亲热罢。

"哈叭,我八儿要你出去,快滚罢……"接着是一块大骨头掷到地上,哈叭总算知事,衔着骨头到外面啃嚼去了。

"再不知趣,就赏它几脚!"八儿的爹,看那只哈叭摇着尾巴很规矩的出去后,对着八儿笑笑的说。

其实,"赏它几脚"的话,倘若真要八儿来执行,还不是空的?凭你八儿再用力重踢它几脚,让你八儿狠狠的用出吃奶力气,顽皮的哈叭,它不还是依然伏在桌下嚼它所愿嚼的东西吗?

因为"赏它几脚"的话,又使八儿的妈记起了许多他爹平素袒护狗的事。

"赏它几脚，你看到它欺负八儿，哪一次又舍得踢它？八宝精似的，养得它恣刺得怪不逗人欢喜，一吃饭就来桌子下头钻，赶出去还得丢一块骨头，其实都是你惯死了它！"这显然是对八儿的爹有点揶揄了。

　　"真的，妈，它还抢过我的鸭子脑壳呢。"其实这也只能怪八儿那一次自己手松。然而八儿偏把这话来帮助他妈说哈叭的坏话。

　　"那我明天就把哈叭带到场上去，不再让它同你玩。"果真八儿的爹的宣言是真，那以后八儿就未免寂寞了。

　　然而八儿知道爹是不会把狗带到场上去的，故毫不气馁。

　　"让他带去，我宝宝一个人不会玩，难道必定要一个狗来陪吗？"以下的话风又转到了爹的身上，"牵了去也免得天天同八儿争东西吃！"

　　"你只恨哈叭，哈叭哪里及得到梁家的小黄呢？"

　　"要是小黄在我家里，我早就喊人来打死卖到汤锅铺子去了。"八儿的妈说来脸已红红的！

　　小黄是怎么一个样子，乃值得八儿的爹提出来同哈叭相较呢？那是上隔壁梁家一只守门狗，有得是见人就咬的一张狠口。梁家因了这只狗，几多熟人都不敢上门了。但八儿的妈，时常过梁家时，那狗却像很客气似的，低低吠两声就走了开去。八儿的妈，以为这已是互相认识的一种表示了，所以总不大如别人样对这狗防备。上月子，为八儿做满八岁的生日，八儿的妈上梁家去借碓舂粑粑，进门后，小黄突然一变往日态度，毫不认账似的，扑拢来大腿腱子肉上咬了一口就走了。这也只能怪她自己，头上顶了那个平素小黄不曾见她顶过的竹簸。落后是梁四屋里人为敷上了止血药，又为把米粉舂好了事。转身时，八儿的妈就一一为他爹说了，还说那畜生连天天见面的人也认不清，真的该拿来打死起！因此一来，八儿的爹就找出一句为自己心爱这只哈叭护短的话了。

　　譬如是哈叭顽皮到使八儿的妈发气时，八儿的爹就把"比梁家小黄就不如了！""那你喜欢小黄罢？""我这哈叭可惜不会咬人！"一类足以证明这只哈叭虽顽皮实天真驯善的话来解围，自然这一类解围的话中，还夹着点逗自己奶奶开心的意味。

　　本来那一次小黄给她的惊吓比痛苦还多，请想，两只手正扶着一个大簸簸，而那畜生闪不知扑拢来就在你腱子肉上啃一下，怎不使人气愤？要是八儿家哈叭竟顽皮到同小黄一样，恐怕八儿的爹，不再要奶奶提议，也早做成打狗的杨大爷一笔生意了。

　　八儿不着意的把头转到门帘子脚边去，两个白花耳朵同一双大眼睛又在门帘下脚掀开处出现了。哈叭像是心里怯怯的，只把一个头伸进房来看里面的风色，又像不好意思似的（尾巴也在摇摆）。

　　"混账……"很懂事样子经过八儿一声吆喝，哈叭那个大头就不见了。

　　然而八儿知道哈叭这时还在门帘外边徘徊。

3. 过年　家乡圆梦的炮声[①]

交上农历腊月，在冰雪和凛冽的西风中紧缩了一个冬天的心，就开始不安生地蹦跳了。

我的家乡灞河腊月初五吃"五豆"，整个村子家家户户都吃用红豆绿豆黄豆黑豆豌豆和包谷或小米熬烧的稀饭。

腊月初八吃"腊八"，在用大米熬烧的稀饭里煮上手擀的一指宽的面条，名曰"腊八面"，不仅一家大小吃得热气腾腾，而且要给果树吃。我便端着半碗腊八面，先给屋院过道里的柿子树吃，即用筷子把面条挑起来挂到树枝上，口里诵唱着"柿树柿树吃腊八，明年结得疙瘩瘩"。随之下了门前的埝坎到果园里，给每一棵沙果树、桃树和木瓜树的树枝上都挂上面条，反复诵唱那两句歌谣。

到腊月二十三晚上，是祭灶神爷的日子，民间传说这天晚上灶神爷要回天上汇报人间温饱，家家都烙制一种五香味的小圆饼子，给灶神爷带上走漫漫的上天之路作干粮，巴结他"上天言好事，入地降吉祥"。当晚，第一锅烙出的五香圆饼先献到灶神爷的挂像前，我早已馋得控制不住了，便抓起剩下的圆饼咬起来，整个冬天都吃着包谷面馍，这种纯白面烙的五香圆饼甭提有多香了。

乡村里真正为过年忙活是从腊月二十开始的，淘麦子，磨白面，村子里两户人家置备的石磨，便一天一天都被预订下来，从早到晚都响着有节奏的却也欢快的摇摆罗柜的咣当声。轮到我家磨面的时候，父亲扛着装麦子的口袋，母亲拿着自家的木斗和分装白面和下茬面的布袋，我牵着自家槽头的黄牛，一起走进石磨主人家，从心里到脸上都抑制不住那一份欢悦。父亲在石磨上把黄牛套好，往石磨上倒下麦子，看着黄牛转过三五圈，就走出磨坊忙他的事去了。我帮母亲摇摆罗柜，或者吆喝驱赶偷懒的黄牛，不知不觉间，母亲头顶的帕子上已落下一层细白的粉尘，我的帽子上也是一层。

到春节前的三两天，家家开始蒸包子和馍，按当地风俗，正月十五之前是不能再蒸馍的，年前这几天要蒸够一家人半个多月所吃的馍和包子，还有走亲戚要送出去的礼包。包子一般分三种，有肉作馅的肉包和用剁碎的蔬菜作馅的菜包，还有用红小豆作馅的豆包。新年临近的三两天里，村子从早到晚都弥漫着一种诱人的馍的香味儿，自然是从这家那家刚刚揭开锅盖的蒸熟的包子和馍散发出来的。小孩子把白生生的包子拿到村巷里来吃，往往还要比一比谁家的包子白谁家的包子黑，无论包子黑一成或白一成，都是欢乐的。我在母亲揭开锅盖端出第一屉热气蒸腾的包子时，根本顾不上品评包子成色的黑白，抢了一个，烫得两手倒换着跑出灶房，站到院子里就狼吞虎咽起来，过年真好！天天过年最好。

大年三十的后晌是最令人激情欢快的日子。一帮会敲锣鼓家伙的男人，把村子公有

[①] 陈忠实：《过年　家乡圆梦的炮声》，陕西省文明办编：《过好我们的节日：陕西传统节日习俗》，三秦出版社，2015年，第10～14页。

的乐器从楼上搬下来,在村子中间的广场上摆开阵势,敲得整个村庄都震颤起来。女人说话的腔调提高到一种亮堂的程度,男人也高声朗气起来,一年里的忧愁和烦恼都在震天撼地的锣鼓声中抖落了。女人们继续在锅灶案板间忙着洗菜剁肉。男人们先用小笤帚扫了屋院,再捞起长把长梢的扫帚打扫街门外面的道路,然后自写或请人写对联贴到大门两边的门框上。

最后一项最为庄严的仪式,是迎接列祖列宗回家。我父亲和两位叔父带着各家的男孩站在上房祭桌前,把卷着的本族本门的族谱打开舒展,在祭桌前挂起来,然后点着红色蜡烛,按着辈分,由我父亲先上香磕头跪拜三匝,两位叔父跪拜完毕,就轮到我这一辈了。我在点燃三支泛着香味儿的紫香之后插进香炉,再跪下去磕头,隐隐已感觉到虔诚和庄严。最后是在大门口放雷子炮或鞭炮,迎接从这个或那个坟墓里归来的先祖的魂灵。整个陈姓氏族的大族谱在一户房屋最宽敞的人家供奉,在锣鼓和鞭炮的热烈声浪里,由几位在村子里有代表性的人把族谱挂在祭桌前的墙上,密密麻麻按辈分排列的族谱整整占满一面后墙内壁。到第二天大年初一吃罢饺子,男性家长领着男性子孙到这儿来祭拜,我是跟着父亲的脚后跟走近祭桌的,父亲烧了香,我跟他一起跪下去磕头,却有不同于自家屋里祭桌前的感觉,多了一缕紧张。

对于幼年的我来说,最期盼的是尽饱吃纯麦子面的馍、包子和用豆腐黄花韭菜肉丁作臊子的臊子面,吃是第一位的。再一个兴奋的高潮是放炮,天上满是星斗,离太阳出来还早得很,那些心性要强的人就争着放响新年第一声炮了。那时候整个村子也没有一只钟表,争放新年第一炮的人坐在热炕头,不时下炕走到院子里观看星斗在天上的位置,据此判断旧年和新年交接的那一刻。

我的父亲尽管手头紧巴,炮买得不多,却是个争放新年早炮的人。我便坐在热炕上等着,竟没了瞌睡,在父亲到院子里观测过三四次天象以后,终于说该放炮了,我便跳下炕来,和他走到冷气沁骨的大门外,看父亲用火纸点燃雷子炮,一抡胳膊把冒着火星的炮甩到空中,发出一声爆响,接连着这种动作和大同小异的响声,我有一种陶醉的欢乐。

真正令我感到陶醉的炮声,是上世纪刚刚交上 80 年代的头一两年。1981 或 1982 年,大年三十的后响,村子里就时断时续着炮声,一会儿是震人的雷子炮,一会儿是激烈的鞭炮连续性响声。这个时候已经早都不再祭拜陈氏族谱了,本门也不祭拜血统最直接的祖先了,"文革"的火把那些族谱当做"四旧"统统烧掉了,我连三代以上的祖先的名字都搞不清了。家家户户依然淘麦子磨白面蒸馍和包子,香味依然弥漫在村巷里,男性主人也依然继续着打扫屋院和大门外的道路,贴对联似乎更普遍了。

父亲已经谢世,我有了一只座钟,不需像父亲那样三番五次到院子里去观测星斗转移,时钟即将指向 12 点,我和孩子早已拎着鞭炮和雷子炮站在大门外了。我不知出于何种意向,纯粹是一种感觉,先放鞭炮,连续热烈地爆炸,完全融合在整个村庄鞭炮此起彼伏的声浪中,我的女儿和儿子捂着耳朵在大门口蹦着跳着,比当年我在父亲放炮的时候欢实多了。

我在自家门口放着炮的时候,却感知到一种排山倒海爆炸的声浪由灞河对岸传过来,隐隐可以看到空中时现时隐的爆炸的火光。我把孩子送回屋里,便走到场塄边上欣赏远处的炮声，依旧连续着排山倒海的威势，时而奇峰突起，时而群峰挤拥。我的面前是夜幕下的灞河，河那边是属于蓝田县辖的一个挨一个或大或小的村庄，在开阔的天地间，那起伏着的炮声洋溢着浓厚深沉的诗意。这是我平生所听到的家乡的最热烈的新年炮声，确实是前所未有。

我突然明白过来，农民圆了千百年的梦——吃饱了！就是在这一年里，土地下户给农民自己作务，一年便获得缸溢囤满的丰收，从年头到年尾只吃纯粹的麦子面馍了，农民说是天天都在过年。这炮声在中国灞河两岸此起彼伏经久不息地爆响着，是不再为吃饭发愁的农民发自心底的欢呼。我在那一刻竟然发生心颤，这是家乡农民集体自发的一种表述方式，是最可靠的，也是"中国特色"的民意表述，世界上再也找不到可以类比的如同排山倒海的心声表述了。

还有一个纯属个人情感的难忘的春节，那是农历1991年的大年三十。腊月二十五日下午写完《白鹿原》的最后一句，离春节只剩下四五天了，两三个月前一家人都搬进西安，只留我还坚守在这祖传的屋院里。

大年三十后响，我依着乡俗，打扫了屋院和门前的道路，我给自家大门拟了一副隐含着白鹿的对联，又热心地给乡亲写了许多副对联。入夜以后，我把屋子里的所有电灯都拉亮，一个人坐在火炉前抽烟品酒，听着村子里时起时断的炮声。到旧年的最后的两分钟，我在大门口放响了鞭炮，再把一个一个点燃的雷子炮抛向天空。

河对岸的排山倒海的炮声已经响起，我又一次站在寒风凛冽的场塄上，听对岸的炮声涌进我的耳膜，激荡我的胸腔。自20世纪80年代初形成的这种热烈的炮声，一直延续到现在，年年农历三十夜半时分都是排山倒海的炮声，年年的这个时刻，我都要在自家门前放过鞭炮和雷子炮之后，站在门前的场塄上，接受灞河对岸传来的排山倒海的炮声的洗礼，接纳一种激扬的心声合奏，以强壮自己。

1991年的大年三十，我在同样接纳的时刻不由转过身来，面对星光下白鹿原北坡粗浑的轮廓，又一次心颤，你能接纳我的体验的表述吗？这是我最后一次聆听和接纳家乡年夜排山倒海的炮声。

4. 月是故乡明[①]

每个人都有个故乡，人人的故乡都有月亮，人人都爱自己的故乡的月亮。事情大概就是这个样子。

但是，如果只有孤零零一个月亮，未免显得有点孤单。因此，在中国古代诗文中，月亮总有什么东西当陪衬，最多的是山和水，什么"山高月小"、"三潭印月"等等，不可胜数。

我的故乡是在山东西北部大平原上。我小的时候，从来没有见过山，也不知山为何物。我曾幻想，山大概是一个圆而粗的柱子吧，顶天立地，好不威风。以后到了济南，

[①] 乔继堂、王湜华编选：《中国二十世纪散文精品　季羡林卷》，太白文艺出版社，1996年，第23~25页。

才见到山，恍然大悟：山原来是这个样子呀。因此，我在故乡里望月，从来不同山联系。像苏东坡说的"月出于东山之上，徘徊于斗牛之间"，完全是我无法想象的。

至于水，我的故乡小村却大大地有。几个大苇坑占了小村面积一多半。在我这个小孩子眼中，虽不能像洞庭湖"八月湖水平"那样有气派，但也颇有一点烟波浩渺之势。到了夏天，黄昏以后，我在坑边的场院里躺在地上，数天上的星星。有时候在古柳下面点起篝火，然后上树一摇，成群的知了飞落下来，比白天用嚼烂的麦粒去粘要容易得多。我天天晚上乐此不疲，天天盼望黄昏早早来临。

到了更晚的时候，我走到坑边，抬头看到晴空一轮明月，清光四溢，与水里的那个月亮相映成趣。我当时虽然还不懂什么叫诗兴，但也顾而乐之，心中油然有什么东西在萌动。有时候在坑边玩很久，才回家睡觉。在梦中见到两个月亮叠在一起，清光更加晶莹澄澈。第二天一早起来，到坑边苇子丛里去捡鸭子下的蛋，白白地一闪光，手伸向水中，一摸就是一个蛋。此时更是乐不可支了。

我只在故乡呆了六年，以后就离乡背井，漂泊天涯……我曾到过世界上将近三十个国家，我看过许许多多的月亮。在风光旖旎的瑞士莱芒湖上，在平沙无垠的非洲大沙漠中，在碧波万顷的大海中，在巍峨雄奇的高山上，我都看到过月亮，这些月亮应该说都是美妙绝伦的，我都异常喜欢。但是，看到它们，我立刻就想到我故乡中那个苇坑上面和水中的那个小月亮。对比之下，无论如何我也感到，这些广阔世界的大月亮，万万比不上我那心爱的小月亮。不管我离开我的故乡多少万里，我的心立刻就飞来了。我的小月亮，我永远忘不掉你！

　　……

月是故乡明。我什么时候能够再看到我故乡里的月亮呀！我怅望南天，心飞向故里。

5. *The End of It* (excerpts)[①]

"My dear sir," said the other, shaking hands with him. "I don't know what to say to such munifi—."

"Don't say anything, please," retorted Scrooge. "Come and see me. Will you come and see me?"

"I will!" cried the old gentleman. And it was clear he meant to do it.

"Thankee," said Scrooge. "I am much obliged to you. I thank you fifty times. Bless you!"

He went to church, and walked about the streets, and watched the people hurrying to and fro, and patted the children on the head, and questioned beggars, and looked down into the kitchens of houses, and up to the windows; and found that everything

---

① 狄更斯：《圣诞颂歌》，吴钧陶译，安徽人民出版社，2012年，第230～248页。

could yield him pleasure. He had never dreamed that any walk—that anything—could give him so much happiness. In the afternoon he turned his steps towards his nephew's house.

He passed the door a dozen times, before he had the courage to go up and knock. But he made a dash, and did it.

"Is your master at home, my dear?" said Scrooge to the girl. Nice girl! Very.

"Yes, sir."

"Where is he, my love?" said Scrooge.

"He's in the dining-room, sir, along with mistress. I'll show you up-stairs, if you please."

"Thankee. He knows me," said Scrooge, with his hand already on the dining-room lock. "I'll go in here, my dear."

He turned it gently, and sidled his face in, round the door. They were looking at the table (which was spread out in great array); for these young housekeepers are always nervous on such points, and like to see that everything is right.

"Fred!" said Scrooge.

Dear heart alive, how his niece by marriage started! Scrooge had forgotten, for the moment, about her sitting in the corner with the footstool, or he wouldn't have done it, on any account.

"Why bless my soul!" cried Fred, "Who's that?"

"It's I. Your uncle Scrooge. I have come to dinner. Will you let me in, Fred?"

Let him in! It is a mercy he didn't shake his arm off. He was at home in five minutes. Nothing could be heartier. His niece looked just the same. So did Topper when he came. So did the plump sister when she came. So did every one when they came. Wonderful party, wonderful games, wonderful unanimity, wonderful happiness!

But he was early at the office next morning. Oh, he was early there! If he could only be there first, and catch Bob Cratchit coming late. That was the thing he had set his heart upon.

And he did it; yes, he did. The clock struck nine. No Bob. A quarter past. No Bob. He was full eighteen minutes and a half behind his time. Scrooge sat with his door wide open, that he might see him come into the tank.

His hat was off, before he opened the door; his comforter too. He was on his stool in a jiffy; driving away with his pen, as if he were trying to overtake nine o'clock.

"Hallo!" growled Scrooge in his accustomed voice as near as he could feign it. "What do you mean by coming here at this time of day?"

"I am very sorry, sir," said Bob. "I am behind my time."

"You are!" repeated Scrooge. "Yes. I think you are. Step this way, sir, if you please."

"It's only once a year, sir," pleaded Bob, appearing from the tank. "It shall not be repeated. I was making rather merry yesterday, sir."

"Now, I'll tell you what, my friend," said Scrooge, "I am not going to stand this sort of thing any longer. And therefore," he continued, leaping from his stool, and giving Bob such a dig in the waistcoat that he staggered back into the tank again; "and therefore I am about to raise your salary!"

Bob trembled, and got a little nearer to the ruler. He had a momentary idea of knocking Scrooge down with it, holding him, and calling to the people in the court for help and a strait-waistcoat.

"A merry Christmas, Bob!" said Scrooge, with an earnestness that could not be mistaken, as he clapped him on the back. "A merrier Christmas, Bob, my good fellow, than I have given you for many a year! I'll raise your salary, and endeavour to assist your struggling family, and we will discuss your affairs this very afternoon, over a Christmas bowl of smoking bishop, Bob. Make up the fires, and buy another coal-scuttle before you dot another i, Bob Cratchit!"

Scrooge was better than his word. He did it all, and infinitely more; and to Tiny Tim, who did NOT die, he was a second father. He became as good a friend, as good a master, and as good a man, as the good old City knew, or any other good old city, town, or borough, in the good old world. Some people laughed to see the alteration in him, but he let them laugh, and little heeded them; for he was wise enough to know that nothing ever happened on this globe, for good, at which some people did not have their fill of laughter in the outset; and, knowing that such as these would be blind anyway, he thought it quite as well that they should wrinkle up their eyes in grins as have the malady in less attractive forms. His own heart laughed: and that was quite enough for him.

He had no further intercourse with Spirits, but lived upon the Total-Abstinence Principle, ever afterwards; and it was always said of him that he knew how to keep Christmas well, if any man alive possessed the knowledge. May that be truly said of us, and all of us! And so, as Tiny Tim observed, God bless Us, Every One!

第十八单元

1. 归去来兮辞并序[①]

余家贫，耕植不足以自给。幼稚盈室，瓶无储粟，生生所资，未见其术。亲故多劝余为长吏，脱然有怀，求之靡途。会有四方之事，诸侯以惠爱为德，家叔以余贫苦，遂见用于小邑。于时风波未静，心惮远役，彭泽去家百里，公田之利，足以为酒，故便求之。及少日，眷然有归欤之情。何则？质性自然，非矫厉所得。饥冻虽切，违己交病。尝从人事，皆口腹自役。于是怅然慷慨，深愧平生之志。犹望一稔（rěn），当敛裳宵逝。寻程氏妹丧于武昌，情在骏奔，自免去职。仲秋至冬，在官八十余日。因事顺心，命篇曰《归去来兮》。

乙巳岁十一月也。

归去来兮，田园将芜胡不归？既自以心为形役，奚惆怅而独悲？悟已往之不谏，知来者之可追。实迷途其未远，觉今是而昨非。

舟遥遥以轻飏，风飘飘而吹衣。问征夫以前路，恨晨光之熹微。乃瞻衡宇，载欣载奔。僮仆欢迎，稚子候门。三径就荒，松菊犹存。携幼入室，有酒盈樽。引壶觞以自酌，眄（miàn）庭柯以怡颜。倚南窗以寄傲，审容膝之易安。园日涉以成趣，门虽设而常关。策扶老以流憩，时矫首而遐观。云无心以出岫（xiù），鸟倦飞而知还。景翳（yì）翳以将入，抚孤松而盘桓。

归去来兮，请息交以绝游。世与我而相违，复驾言兮焉求？悦亲戚之情话，乐琴书以消忧。农人告余以春及，将有事于西畴。或命巾车，或棹孤舟。既窈（yǎo）窕（tiǎo）以寻壑，亦崎岖而经丘。木欣欣以向荣，泉涓涓而始流。羡万物之得时，感吾生之行休！

已矣乎！寓形宇内复几时，曷不委心任去留？胡为遑遑欲何之？富贵非吾愿，帝乡不可期。怀良辰以孤往，或植杖而耘耔（zǐ）。登东皋以舒啸，临清流而赋诗。聊乘化以归尽，乐夫天命复奚疑！

[①] 陶渊明：《归去来兮辞并序》，李寅生编著、肖猷洪绘图：《古文：彩图版》，四川辞书出版社，2019年，第101～104页。

2. 大明湖之春①

　　北方的春本来就不长，还往往被狂风给七手八脚地刮了走。济南的桃李丁香与海棠什么的，差不多年年被黄风吹得一干二净，天昏地暗，落花与黄沙卷在一处，再睁眼时，春已过去了！记得有一回，正是丁香乍开的时候，也就是下午两三点钟吧，屋中就非点灯不可了；风是一阵比一阵大，天色由灰而黄，而深黄，而黑黄，而漆黑，黑得可怕。第二天去看院中的两株紫丁香，花已像煮过一回，嫩叶几乎全破了！济南的秋冬，风倒很少，大概都留在春天刮呢。

　　有这样的风在这儿等着，济南简直可以说没有春天；那么，大明湖之春更无从说起。

　　济南的三大名胜，名字都起得好：千佛山，趵突泉，大明湖，都多么响亮好听！一听到"大明湖"这三个字，便联想到春光明媚和湖光山色等等，而心中浮现出一幅美景来。事实上，可是，它既不大，又不明，也不湖。

　　湖中现在已不是一片清水，而是用坝划开的多少块"地"。"地"外留着几条沟，游艇沿沟而走，即是逛湖。水田不需要多么深的水，所以水黑而不清；也不要急流，所以水定而无波。东一块莲，西一块蒲，土坝挡住了水，蒲苇又遮住了莲，一望无景，只见高高低低的"庄稼"。艇行沟内，如穿高粱地然，热气腾腾，碰巧了还臭气烘烘。夏天总算还好，假若水不太臭，多少总能闻到一些荷香，而且必能看到些绿叶儿。春天，则下有黑汤，旁有破烂的土坝；风又那么野，绿柳新蒲东倒西歪，恰似挣命。所以，它既不大，又不明，也不湖。

　　话虽如此，这个湖到底得算个名胜。湖之不大与不明，都因为湖已不湖。假若能把"地"都收回，拆开土坝，挖深了湖身，它当然可以马上既大且明起来：湖面原本不小，而济南又有的是清凉的泉水呀。这个，也许一时做不到。不过，即使做不到这一步，就现状而言，它还应当算作名胜。北方的城市，要找有这么一片水的，真是好不容易了。千佛山满可以不算数儿，配作个名胜与否简直没多大关系。因为山在北方不是什么难找的东西呀。水，可太难找了。济南城内据说有七十二泉，城外有河，可是还非有个湖不可。泉，池，河，湖，四者俱备，这才显出济南的特色与可贵。它是北方唯一的"水城"，这个湖是少不得的。设若我们游湖时，只见沟而不见湖，请到高处去看看吧，比如在千佛山上往北眺望，则见城北灰绿的一片——大明湖；城外，华鹊二山夹着弯弯的一道灰亮光儿——黄河。这才明白了济南的不凡，不但有水，而且是这样多呀。

　　况且，湖景若无可观，湖中的出产可是很名贵呀。懂得什么叫作美的人或者不如懂得什么好吃的人多吧，游过苏州的往往只记得此地的点心，逛过西湖的提起来便念叨那里的龙井茶，藕粉与莼菜什么的，吃到肚子里的也许比一过眼的美景更容易记住，那么大明湖的蒲菜，茭白，白花藕，还真许是它驰名天下的重要原因呢。不论怎么说吧，这

---

① 老舍：《活着，本该有趣：老舍散文精选集》，贵州人民出版社，2020年，第16～19页。

些东西既都是水产，多少总带着些南国风味；在夏天，青菜挑子上带着一束束的大白莲花菁荚出卖，在北方大概只有济南能这么"阔气"。

我写过一本小说——《大明湖》——在"一·二八"与商务印书馆一同被火烧掉了。记得我描写过一段大明湖的秋景，词句全想不起来了，只记得是什么什么秋。桑子中先生给我画过一张油画，也画的是大明湖之秋，现在还在我的屋中挂着。我写的，他画的，都是大明湖，而且都是大明湖之秋，这里大概有点意思。对了，只是在秋天，大明湖才有些美呀。济南的四季，唯有秋天最好，晴暖无风，处处明朗。这时候，请到城墙上走走，俯视秋湖，败柳残荷，水平如镜；唯其是秋色，所以连那些残破的土坝也似乎正与一切景物配合：土坝上偶尔有一两截断藕，或一些黄叶的野蔓，配着三五枝芦花，确是有些画意。"庄稼"已都收了，湖显着大了许多，大了当然也就显着明。不仅是湖宽水净，显着明美，抬头向南看，半黄的千佛山就在面前，开元寺那边的"橛子"——大概是个塔吧——静静地立在山头上。往北看，城外的河水很清，菜畦中还生着短短的绿叶。往南往北，往东往西，看吧，处处空阔明朗，有山有湖，有城有河，到这时候，我们真得到个"明"字了。

桑先生那张画便是在北城墙上画的，湖边只有几株秋柳，湖中只有一只游艇，水作灰蓝色，柳叶儿半黄。湖外，他画上了千佛山；湖光山色，连成一幅秋图，明朗，素净，柳梢上似乎吹着点不大能觉出来的微风。

对不起，题目是大明湖之春，我却说了大明湖之秋，可谁教亢德先生出错了题呢！

3. 秦淮拾梦记[①]

在住处安顿下来，主人留下一张南京地图嘱咐我好好休息一下就离开了。遵命躺在床上，可是无论如何也睡不着。只好打开地图来看，一面计划着游程。后来终于躺不住，索性走出去。

在珠江路口跳上电车，只一站就是新街口，这个闹市中心对我来说已经完全变成了一个陌生的地方，新建的市楼吞没了旧时仅有的几幢"洋楼"。30年前，按照我的记忆，这地方就像被敲掉了满口牙齿的赤裸的牙床，只新装了一两颗"金牙"，此外就全是残留着参差断根的豁口。通往夫子庙的大路一眼望不到底，似乎可以一直看到秦淮河。

在地图上很容易就找到了就在附近的羊皮巷和户部街。

33年以前，报社的办事处就设在户部街上。这真是一个可怜的办事处，在十来亩大小的院落里，零落地放着许多大缸，原来这是一个酱园的作坊。前面有一排房子，办事处借用了两间斗室，睡觉、办公、写稿都在这里。门口也没有挂什么招牌，在当时这倒不失为一种聪明的措置。

我就在这里紧张而又悠闲地生活过一段日子，也并没有什么不满足。特别是从《白

[①] 黄裳：《秦淮拾梦记》，载韩小蕙编：《新时期散文名家自选》，陕西人民出版社，1993年，第1～7页。

下琐言》等书里发现，这里曾经有过一座"小虹桥"，是南唐故宫遗址所在，什么澄心堂、瑶光殿都在这附近时，就更产生了一种虚幻的满足。这就是李后主曾经与大周后、小周后演出过多少恋爱悲喜剧的地方；也是他醉生梦死地写下许多流传至今的歌词的地方；他后来被樊若水所卖，被俘北去，仓皇辞庙、挥泪对宫娥之际，应当也曾在这座桥上走过。在我的记忆里，户部街西面的洪武路，也就是卢妃巷的南面有一条小河，河上是一座桥，河身只剩下一潭深黑色的淤泥，桥身下半也已埋在土里，桥背与街面几乎已经拉平。这座可怜的桥不知是否就是当年"小虹桥"的遗蜕。

30年前的旧梦依然保留着昔日的温馨。这条小街曾经是很热闹的，每当华灯初上，街上就充满了熙攘的人声，还飘荡着过往的黄包车清脆的铃声。小吃店里的小笼包子正好开笼，咸水鸭肥白的躯体就挂在案头。一直到夜深，人声也不会完全萧寂。在夜半一点前后，工作结束放下电话时，还能听到街上叫卖宵夜云吞和卤煮鸡蛋的声音，这时我就走出去，从小贩手中换得一些温暖。……总之，我已完全忽视并忘却这条可以代表南京市内陋巷风格而无愧的小巷的种种，高低不平的路面，从路边菜圃一直延伸过来的沟渠，污水面上还满覆了浮萍。雨后，路上就到处布满了一个个小水潭。……

这一切，今天是大大变化了，但有的却没有什么变化。那个酱园作坊的大院子，不用说，是没有找到。户部街的两侧，已经新建了许多工厂、机关……，再也没有了那样的空地。但街面依旧像当年一样逼仄。这时正在翻修下水道，路面中间挖起了一条深沟。人们只能在沟边的泥水塘中跳来跳去，要这样一直走到杨公井。寻找旧居的企图是失败了，但这跳来跳去的经验倒还与当年无异。

还是到秦淮河畔去看看吧。

在建康路下车，走过去就是贡院西街。我走来走去找了许久，也没有找到那座已经成为夫子庙标记的亭子。但我毫不怀疑，那拥挤的人群，繁盛的市场，那种特有的气氛，是只有夫子庙才有的。晚明顾起元在《客座赘语》中提到这一带时说："百货聚焉"、"市魁驵侩，千百嘈哳其中"。这样的气氛，依然保留了下来，但社会的性质完全改变了，一切自然也与过去不同了。

与30年前相比，黄包车、稀饭摊子、草药铺、测字摊、穿了长衫走来走去的人们都不见了；现在这里是各种类型的百货店、饮食店……，还有挂了招牌，出售每斤九角一分的河蟹的小铺，和为一个热闹的市井所不可少的一切店铺，甚至在路边上我还发现了一个旧书摊。

穿过街去，就到了著名的秦淮。河边有一排精巧的石栏，有许多老人都在石栏上闲坐，栏杆表面发着油亮的光泽，就像出土的古玉。地上放着一排排鸟笼子。过去对河挂了"六朝小吃馆"店招的地方，现在是一色新修的围墙。走近去凭栏一望，不禁吃了一惊。秦淮河还是那么浅，甚至更浅了，记忆中惨绿的河水现在变成了暗红。散发出来的气味好像也与从前不同了。

在文德桥侧边是新建的"白鹭洲菜场"。卡车正停在门口卸货。过桥就是钞库街，在一个堆了煤块的曲折的小弄墙角，挂着一块白地红字搪瓷路牌，上面写着"乌衣巷"。这时已是下午四时，巷口是一片照得人眼睛发花的火红的夕阳。

乌衣巷是一条曲折的小巷，不用说汽车，脚踏车在这里也只能慢慢地穿过，巷里的人家屋宇还保留着古老的面貌，偶然也能看到小小的院落、花木，但王谢家族那样的第宅是连影子也没有的，自然也不会看到什么燕子。

巷子后半路面放宽了，两侧的建筑也整齐起来。笔直穿出去就是白鹭洲公园，但却紧紧地闭着铁门。向一位老人请教，才知道要走到小石坝街的前门才能进去。我顺便又向他探问了一些秦淮河畔的变迁，老人的兴致很好，热情地向我推荐了能吃到可口的蟹粉包子和干丝的地方，但也时时流露出一种惆怅的颜色。当我告诉他30多年前曾来过这里时，老人睁大了眼睛，"噢，噢，变了，变了。"他指引给我走到小石坝街去的方向，我道了谢，走开去，找到了正门，踏进了白鹭洲公园。

这是一处完全和旧有印象不同了的园林。一切都是新的，包括了草地、新植的树木和水泥制作的仿古亭台。干净、安谧，空阔甚至清冷。我找了一个临水的地方坐下，眼前是夕阳影里的钟山和一排城堞。我搜寻着过去的记忆，记得这里有着一堵败落的白垩围墙，嵌着四字篆书"东园故址"的砖雕门额，后面是几株枯树，树上吊着一个老鸦窠。这样荒凉破败的一座"东园"，今天是完全变了。

园里虽然有相当宽阔的水面，但这地方并非当年李白所说的白鹭洲。几十年前，一个聪明的商人在破败的"东园"遗址开了一个茶馆，借用了这个美丽的名字，还曾请名人撰写过一块碑记。碑上记下了得名的由来，也并未掩饰历史的真相，应该还要算是老实的。

在一处经过重新修缮彩绘的曲槛回廊后面，正举行着菊展，菊花都安置在过去的老屋里，这时暮色已经袭来，看不真切了。名种的菊花错落地陈列在架上、地下，但盆上并没有标出花的名色。像"么凤"、"青鸾"、"玉搔头"、"紫雪窝"这样的名色，一个都不见。这就使我有些失望。我不懂赏花，正如也不懂读画一样。看画时兴趣只在题跋，看花就必然注意名色了。从花房里走出，无意中却在门口发现了那块"东园故址"的旧额，真是如逢旧识。不过看得出来，这是被捶碎以后重新镶拼起来的。面上还涂了一层白粉。即使如此，我还是非常满意。整个白鹭洲公园，此外再没有一块旧题、匾对、碑碣，……这是一座风格大半西化了的园林，却恰恰坐落在秦淮河上。

坐在生意兴旺的有名的店里吃着著名的蟹粉小笼包饺和干丝，味道确实不坏。干丝上面还铺着一层切得细细的嫩黄姜丝。这是在副食品刚刚调整了价格之后，但生意似乎并未受到怎样的影响。一位老人匆匆走进来和我同坐，他本意是来吃干丝的，不巧卖完了，只好改叫了一碗面。他对我说："调整了价格，生意还是这么好。不过干丝是素的，每碗也提高了五分钱，这是没有道理的。"我想，他的意见不错。

杂七搭八地和老人谈话，顺便也向他打听这里的情形，经过他的指点，才知道过去南京著名的一些酒家，六华春、太平洋……就曾开设在窗外的一条街上，我从窗口张望了一下，黝黑的一片，什么也看不见。我记起30多年前曾在六华春举行过一次"盛宴"，邀请了南京电话局长途台的全体女接线员，请求她们协助，打破国民党的干扰，使我每晚打出的新闻专电畅通无阻的旧事。这些年轻女孩子叽叽喳喳的笑语，她们一口就答应下来的爽朗、干脆的姿态，这一切都好像正在目前。

自公元3世纪以来，南京曾经是八个王朝的首都。宫廷政治中心一直在城市的北部、中部。城南一带则是主要的生活区。像乌衣巷，就是豪族的住宅区，不过后来败落了，秦淮河的两岸变成了市民经济和文化生活的中心。明代后期这种发展趋势尤为显著。形成商业中心的各行各业，百工货物，几乎都集中在这里。繁复的文化娱乐活动也随之而发展。这里既是王公贵族、官僚地主享乐的地方，也是老百姓游息的场所。不过人们记得的只是写进《板桥杂记》、《桃花扇》里的场景，对普通市民和社会下层的状况则所知甚少，其实他们的存在倒是更为重要的，是一切的基础。曾国藩在镇压了太平天国起义以后，第一件紧急措施就是恢复秦淮的画舫。他不再顾及"理学名臣"的招牌，只想在娼女身上重新找回封建末世的繁荣，动机和手段都是清清楚楚的。

穿着高贵的黑色华服的王谢子弟，早已从历史的屏幕上消失了；披了白袷春衫的明末的贵公子，也只能在旧剧舞台上看见他们的影子，今天在秦淮河畔摩肩擦背地走着的只是那些"寻常百姓"，过去如此，今后也仍将如此。不同的是今天的"寻常百姓"已经不是千多年来一直被压迫、被侮辱损害的一群了。

从饭店里出来，走到街上，突然被刚散场的电影院里拥出的人群裹住，几乎移动不得，就这样一路被推送到电车站，被送进了候车的人群。天已经完全昏黑了，我站在车站上寻思，在30年以后我重访了秦淮，没有了河房，没有了画舫，没有了茶楼，也没有了"桨声灯影"，这一切似乎都理所当然地成了历史的陈迹。可是我们应该怎样更好地安排人民的休息、娱乐和文化生活呢？人们爱这个地方，爱这个祖祖辈辈的"游钓之地"。我们应该怎样来满足人民炽热的愿望呢？

4. 风景谈[①]

前夜看了《塞上风云》的预告片，便又回忆起猩猩峡外的沙漠来了。那还不能被称为"戈壁"，那在普通地图上，还不过是无名的小点，但是人类的肉眼已经不能望到它的边际，如果在中午阳光正射的时候，那单纯而强烈的返光会使你的眼睛不舒服；没有隆起的沙丘，也不见有半间泥房，四顾只是茫茫一片，那样的平坦，连一个"坎儿井"也找不到；那样的纯然一色，即使偶尔有些驼马的枯骨，它那微小的白光，也早溶入了周围的苍茫，又是那样的寂静，似乎只有热空气在作哄哄的火响。然而，你不能说，这里就没有"风景"。当地平线上出现了第一个黑点当更多的黑点成为线，成为队，而且当微风把铃铛的柔声，丁当，丁当，送到你的耳鼓，而最后，当那些昂然高步的骆驼，排成整齐的方阵，安详然而坚定地愈行愈近，当骆驼队中领队驼所掌的那一杆长方形猩红大旗耀入你眼帘，而且大小丁当的谐和的合奏充满了你耳管，——这时间，也许你不出声，但是你的心里会涌上了这样的感想的：多么庄严，多么妩媚呀！这里是大自然的最单调最平板的一面，然而加上了人的活动，就完全改观，难道这不是"风景"吗？自然是伟大的，然而人类更伟大。

于是我又回忆起另一个画面，这就在所谓"黄土高原"！那边的山多数是秃顶的，然而层层的梯田，将秃顶装扮成稀稀落落有些黄毛的癞头，特别是那些高杆植物顾长而

[①] 《茅盾散文选集》，方铭编，百花文艺出版社，1984年，第165～170页。

整齐，等待检阅的队伍似的，在晚风中摇曳，别有一种惹人怜爱的姿态。可是更妙的是三五月明之夜，天是那样的蓝，几乎透明似的，月亮离山顶，似乎不过几尺，远看山顶的小米丛密挺立，宛如人头上的怒发，这时候忽然从山脊上长出两支牛角来，随即牛的全身也出现，掮着犁的人形也出现，并不多，只有三两个，也许还跟着个小孩，他们姗姗而下，在蓝的天，黑的山，银色的月光的背景上，成就了一幅剪影，如果给田园诗人见了，必将赞叹为绝妙的题材。可是没有完。这几位晚归的种地人，还把他们那粗朴的短歌，用愉快的旋律，从山顶上飘下来，直到他们没入了山坳，依旧只有蓝天明月黑魆魆的山，歌声可是缭绕不散。

另一个时间。另一个场面。夕阳在山，干坼的黄土正吐出它在一天内所吸收的热，河水汤汤急流，似乎能把浅浅河床中的鹅卵石都冲走了似的。这时候，沿河的山坳里有一队人，从"生产"归来，兴奋的谈话中，至少有七八种不同的方音。忽然间，他们又用同一的音调，唱起雄壮的歌曲来了，他们的爽朗的笑声，落到水上，使得河水也似在笑。看他们的手，这是惯拿调色板的，那是昨天还拉着提琴的弓子伴奏着《生产曲》的，这是经常不离木刻刀的，那又是洋洋洒洒下笔如有神的，但现在，一律都被锄锹的木柄磨起了老茧了。他们在山坡下，被另一群所迎住。这里正燃起熊熊的野火，多少曾调朱弄粉的手儿，已经将金黄的小米饭，翠绿的油菜，准备齐全。这时候，太阳已经下山，却将它的余辉幻成了满天的彩霞，河水喧哗得更响了，跌在石上的便喷出了雪白的泡沫，人们把沾着黄土的脚伸在水里，任它冲刷，或者掬起水来，洗一把脸。在背山面水这样一个所在，静穆的自然和弥满着生命力的人，就织成了美妙的图画。

在这里，蓝天明月，秃顶的山，单调的黄土，浅濑的水，似乎都是最恰当不过的背景，无可更换。自然是伟大的，人类是伟大的，然而充满了崇高精神的人类的活动，乃是伟大中之尤其伟大者！

我们都曾见过西装革履烫发旗袍高跟鞋的一对儿，在公园的角落，绿荫下长椅上，悄悄儿说话，但是试想一想，如果在一个下雨天，你经过一边是黄褐色的浊水，一边是怪石峭壁的崖岸，马蹄很小心地探入泥浆里，有时还不免打了一下跌撞，四面是静寂灰黄，没有一般所谓的生动鲜艳，然而，你忽然抬头看见高高的山壁上有几个天然的石洞，三层楼的亭子间似的，一对人儿促膝而坐，只凭剪发式样的不同，你方能辨认出一个是女的，他们被雨赶到了那里，大概聊天也聊够了，现在是摊开着一本札记簿，头凑在一处，一同在看，——试想一想，这样一个场面到了你眼前时，总该和在什么公园里看见了长椅上有一对儿在偎倚低语，颇有点味儿不同罢？如果在公园时你一眼瞥见，首先第一会是"这里有一对恋人"，那么，此时此际，倒是先感到那样一个沉闷的雨天，寂寞的荒山，原始的石洞，安上这么两个人，是一个"奇迹"，使大自然顿时生色！他们之是否恋人，落在问题之外。你所见的，是两个生命力旺盛的人，是两个清楚明白生活意义的人，在任何情形之下，他们不倦怠，也不会百无聊赖，更不至于从胡闹中求刺激，他们能够在任何情况之下，拿出他们那一套来，怡然自得。但是什么能使他们这样呢？

不过仍旧回到"风景"罢；在这里，人依然是"风景"的构成者，没有了人，还有什么可以称道的？再者，如果不是内生活极其充满的人作为这里的主宰，那又有什么值得怀念？

　　再有一个例子：如果你同意，二三十棵桃树可以称为林，那么这里要说的，正是这样一个桃林。花时已过，现在绿叶满株，却没有一个桃子。半爿旧石磨，是最漂亮的圆桌面，几尺断碑，或是一截旧阶石，那又是难得的几案。现成的大小石块作为凳子，——而这样的石凳也还是以奢侈品的姿态出现。这些怪样的家具之所以成为必要，是因为这里有一个茶社。桃林前面，有老百姓种的荞麦，也有大麻和玉米这一类高杆植物。荞麦正当开花，远望去就象一张粉红色的地毯，大麻和玉米就象是屏风，靠着地毯的边缘。太阳光从树叶的空隙落下来，在泥地上，石家具上，一抹一抹的金黄色。偶尔也听得有草虫在叫，带住在林边树上的马儿伸长了脖子就树干搔痒，也许是乐了，便长嘶起来。"这就不坏！"你也许要这样说。可不是，这里是有一般所谓"风景"的一些条件的！然而，未必尽然。在高原的强烈阳光下，人们喜欢把这一片树荫作为户外的休息地点，因而添上了什么茶社，这是这个"风景区"成立的因缘，但如果把那二三十棵桃树，半爿磨石，几尺断碣，还有荞麦和大麻玉米，这些其实到处可遇的东西，看成了此所谓风景区的主要条件，那或者是会贻笑大方的。中国之大，比这美得多的所谓风景区，数也数不完，这个值得什么？所以应当从另一方面去看。现在请你坐下，来一杯清茶，两毛钱的枣子，也作一次桃园的茶客罢。如果你愿意先看女的，好，那边就有三四个，大概其中有一位刚接到家里寄给她的一点钱，今天来请请同伴。那边又有几位，也围着一个石桌子，但只把随身带来的书籍代替了枣子和茶了。更有两位虎头虎脑的青年，他们走过"天下最难走的路"，现在却静静地坐着，温雅得和闺女一般。男女混合的一群，有坐的，也有蹲的，争论着一个哲学上的问题，时时哗然大笑，就在他们近边，长石条上躺着一位，一本书掩住了脸。这就够了，不用再多看。总之，这里有特别的氛围，但并不古怪。人们来这里，只为恢复工作后的疲劳，随便喝点，要是袋里有钱；或不喝，随便谈谈天；在有闲的只想找一点什么来消磨时间的人们看来，这里坐的不舒服，吃的喝的也太粗糙简单，也没有什么可以供赏玩，至多来一次，第二次保管厌倦。但是不知道消磨时间为何物的人们却把这一片简陋的绿荫看得很可爱，因此，这桃林就很出名了。

　　因此，这里的"风景"也就值得留恋，人类的高贵精神的辐射，填补了自然界的贫乏，增添了景色，形式的和内容的。人创造了第二自然！

　　最后一段回忆是五月的北国。清晨，窗纸微微透白，万籁俱静，嘹亮的喇叭声，破空而来。我忽然想起了白天在一本贴照簿上所见的第一张，银白色的背景前一个淡黑的侧影，一个号兵举起了喇叭在吹，严肃，坚决，勇敢，和高度的警觉，都表现在小号兵的挺直的胸膛和高高的眉棱上边。我赞美这摄影家的艺术，我回味着，我从当前的喇叭声中也听出了严肃，坚决，勇敢，和高度的警觉来，于是我披衣出去，打算看一看。空气非常清冽，朝霞笼住了左面的山，我看见山峰上的小号兵了。霞光射住他，只觉得他的额角异常发亮，然而，使我惊叹叫出声来的，是离他不远有一位荷枪的战士，面向着东方，严肃地站在那里，犹如雕像一般。晨风吹着喇叭的红绸子，只这是动的，战士枪尖的刺刀闪着寒光，在粉红的霞色中，只这是刚性的。我看得呆了，我仿佛看见了民族的精神化身而为他们两个。

如果你也当它是"风景",那便是真的风景,是伟大中之最伟大者!

5. 青春的烦恼(1817—1821)[①]

梦中幻影

1

我曾梦见爱情烈焰熊熊燃烧,
鬈发秀丽宛如长春藤木犀草,
甜蜜的樱唇说出苦涩的辞句,
阴郁的歌曲响起阴郁的曲调。

这些幻梦早已褪色,随风飘散,
我最亲爱的梦中幻影也已消逝!
给我剩下的只是一腔柔情万缕情丝,
我曾把它们火热地注入我婉约的诗。

孤苦伶仃的歌啊,你留了下来!
现在你快飞去寻找我失去的梦中幻影,
你若把它找到,请代我问好,
我向这飘渺的幻影送去我飘渺的声音。

[①] 海涅:《海涅诗选》,张玉书译,人民文学出版社,1997年,第3页。

后 记

在这本教材的编写过程中，我深刻体会到了教育与知识传递的重要性。从构思到最终成书，每一步都凝聚了无数的思考、探索和努力。在此，我想对所有参与和支持这个项目的人表示最诚挚的感谢。

首先，我要感谢四川师范大学国际中文教育学院汤洪院长、李斌副书记、张春兰副院长、刘海燕副院长对我的工作给予的全力支持和帮助。

其次，我要感谢我的同事和学生们——李俊杰老师，李晗、白灵龙、罗佳怡同学，是他们的智慧和热情激发了我编写这本教材的灵感。在常年的学生工作中，我经常会遇到一些难以用现有既往工作方法解决的问题，这促使我思考如何编写一本能够更好地满足学生需求的教材。

编写教材是一项复杂而艰巨的任务，它不仅需要深厚的专业知识，还需要对教育的深刻理解以及对学生需求的敏锐洞察。在内容的选择和编排上，我和团队成员力求做到既全面又精炼，既严谨又生动。我希望这本教材能够成为学生们学习过程中的良师益友，帮助他们构建扎实的知识体系，培养批判性思维和解决问题的能力。

在编写过程中，我也意识到了本教材编写的局限性。由于篇幅和时间的限制，不可能涵盖所有的知识点。因此，我特别强调了教材的开放性和互动性，鼓励学生在学习的过程中提出问题，积极拓展阅读范围，不断探索和创新。

此外，我还要感谢四川大学出版社的编辑团队，他们的专业意见和细致工作为教材的最终成型提供了巨大帮助。他们的耐心和专业让我深感敬佩。

最后，我希望这本教材能够激发学生阅读经典的热情，培养他们终身学习的习惯。教育是一项长期的事业，而教材是连接教师、学生和知识的桥梁。我衷心希望这本教材能够在教育的长河中发挥其作用，成为学生成长道路上的坚实基石。

在未来的日子里，我将继续致力于教育事业，不断学习，不断进步，为培养更多优秀的人才贡献自己的力量。同时，我也期待读者们对这本教材提出宝贵的意见和建议，让我们共同为教育事业的发展贡献力量。

后 记

感谢所有支持和帮助过这本教材的人。愿我们共同的努力能够开花结果,为这个世界带来更加美好的明天。

张 亮

四川师范大学嘤鸣园

2024 年 6 月 1 日